大是文化

短時間就上榜
國考之神

図解でわかる 試験勉強のすごいコツ

考前一年、三個月、一個月、一週
如何準備？升學、檢定、資格考都適用！

取得會計與司法雙證照高手
平木太生（jiji）──著
方嘉鈴──譯

與其看三本書，不如一本看三次

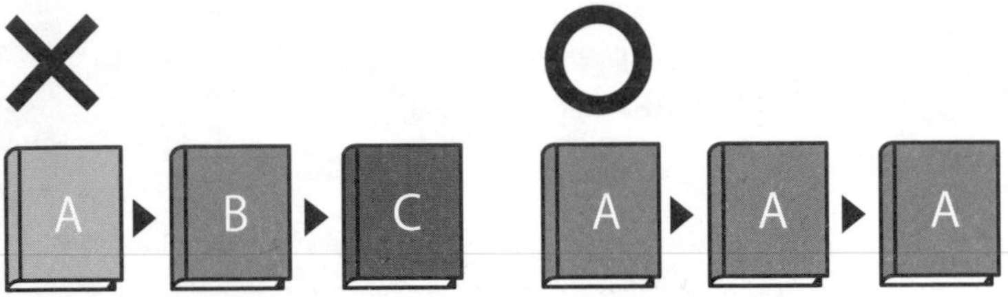

看三本不同的參考書，
每一本都只能粗淺理解。

重複讀同一本參考書，
加深對內容的印象。

詳見本書第 36 頁。

強制速讀法

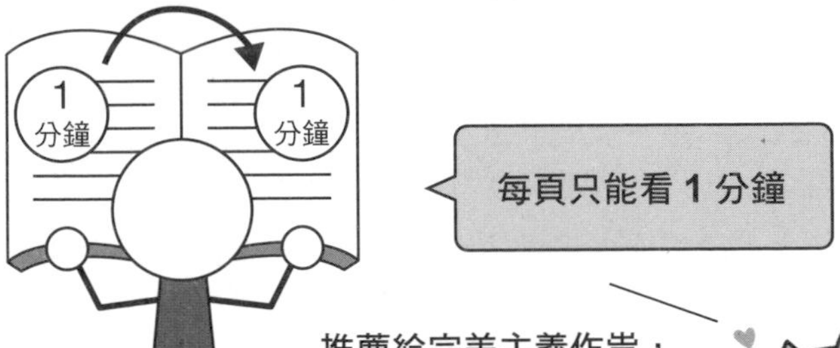

推薦給完美主義作祟，
以至於讀書進度緩慢的考生。

詳見本書第 61 頁。

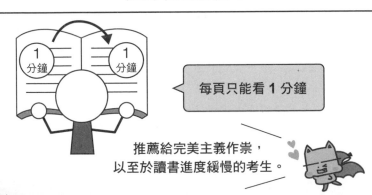

這些訣竅，幫你短期就上榜！

一開始就寫考古題

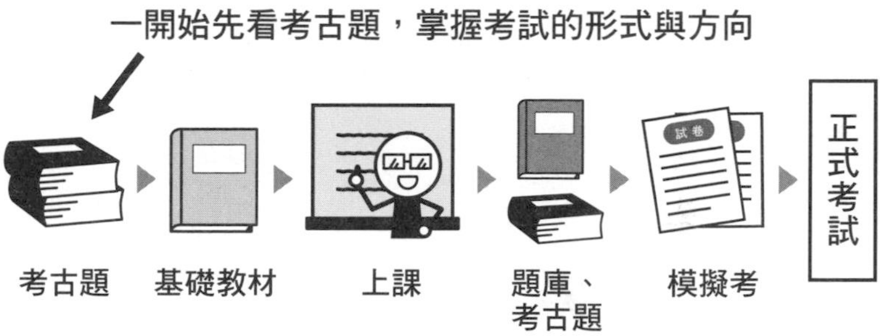
一開始先看考古題，掌握考試的形式與方向
試卷
正式考試
考古題
基礎教材
上課
題庫、
考古題
模擬考

詳見本書第 53 頁。

預習、上課和複習的時間分配

5分鐘

預習

不必花太多時間預習。

1小時

上課

確實做好筆記，最好連舉例或是閒聊的內容都寫下來。

3小時

複習

根據上課時寫的筆記，確實複習課程內容。

詳見本書第 65 頁。

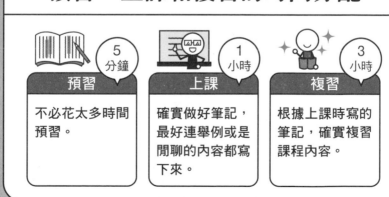

用 4 色原子筆寫筆記

藍色 基本色（提升專注力）	綠色 雜項資訊
紅色 重點	黑色 應考專用（平日幾乎不使用）

自習時盡量使用擦擦筆，不要使用自動鉛筆。

詳見本書第 108 頁。

使用桌上型譜架

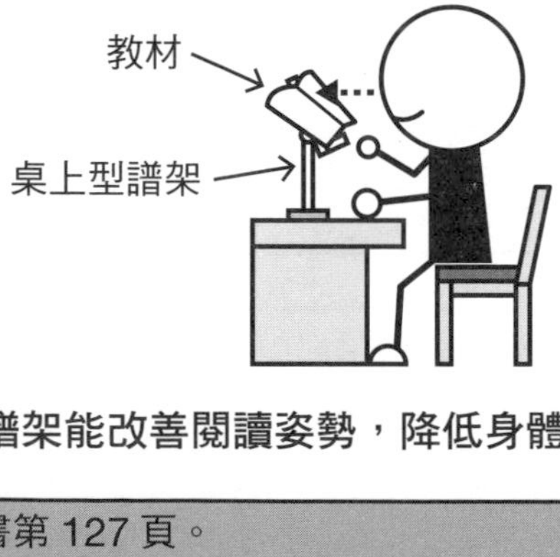

譜架能改善閱讀姿勢，降低身體負擔。

詳見本書第 127 頁。

記憶力的黃金時段：睡前 5 分鐘

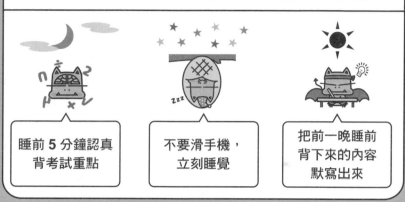

睡前 5 分鐘認真
背考試重點

不要滑手機，
立刻睡覺

把前一晚睡前
背下來的內容
默寫出來

詳見本書第 143 頁。

Z 字形複習法

問題 1、2、3 問題 46、47、48

問題 2、3、4 ⋯⋯ 問題 47、48、49

問題 3、4、5 問題 48、49、50

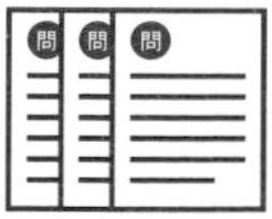

連續三天練
習同一題，
可加深對題
目的理解。

詳見本書第 147 頁。

還有其他更多更有效的讀書方法⋯⋯。

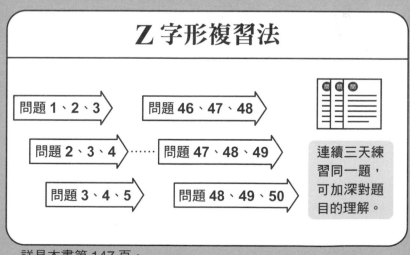

目錄

第四章 不硬背死記，也不會忘記

第六章 鼓勵自己，距離終點只差一步

推薦序一
這本書若是早點出現，該多好

「P律師：漫畫法律人生」臉書粉專版主、《早知道就這樣準備國考》作者／P律師

從在大學兼課到經營臉書粉絲專頁「P律師：漫畫法律人生」，常有學生與網友問我準備律師考試的過程。且有不少學生與網友，看到我現在是執業律師、念博士班又在大學兼課，就誤以為我很輕鬆就考上博士班與國家考試。然而事實並非如此，我在國家考試這條路上，總是跌跌撞撞而且充滿辛酸。我常開玩笑說，如果計算我大學四年級後的落榜次數，手指頭和腳趾頭加起來都不夠數（這是真的）。

當我翻開《短時間就上榜，國考之神》這本書，只讀到第一章，**腦袋就浮現出「這本書若是早點出現，該多好」的想法**。作者在第一章第一節與第六節，就強調「不斷解題、訂正，再解題」與「一開始就寫考古題」的重要，而以我的經驗來看，準備考試真的是如此。藉由反覆做考古題，不僅可以掌握出題方向，甚至可以預測今年可能會出現哪些題目。

另外，作者在第一章第二節分享「與其看三本參考書，不如一本看三次」，也是很實在的建議。回顧我過去準備律師考試時，距離上榜標準最遠的那一年，就是覺得一科只看一本書不夠，結果一科看了很多本，反而考更差。其實最好的方法是同一本書多讀幾遍，除了有助於熟記之外，還能更清楚的掌握整個考試的架構。

你不必擔心一科只讀一、兩本不夠，因為如果讀的是經典教科書，或高品質補習班的參考書，通常已經整理好該考科的重要問題。至於怎麼挑選教科書？本書作者建議選擇最多人用的參考書，著實是個好辦法。

準備考試時，照顧好自己的心理健康也很重要，作者在第六章分享了許多經驗與建議。其中，我認為最重要也幾乎是每位考生都會碰到的，就是陷入低潮的話怎麼辦？作者建議我們可以安慰自己：「碰到低潮期，代表自己有在努力，所以不必過度擔心。」這讓我回憶起當初準備考試時，就是這句話陪我度過低潮：「好好把握今天，明天自有答案。」

最後，推薦這本書給大家，希望這本書可以幫助大家早點上榜。越早讀這本書，才越不容易出現「早知道就這樣準備國考」的缺憾。

推薦序二
沒有上不了的榜，只有誤用的讀書策略

「國考歐趴－最懂你的陪考教練」臉書粉專版主／小歐

我一打開本書書稿，看到：「ALL PASS 你好！」便忍不住大笑出聲，這是作者寫部落格時慣用的問候語，也是我經營的個人品牌「國考歐趴」的英文名稱「allpassnow」，讓我感到親切之餘，也不免對這位跨海的國考前輩充滿好奇。

作者求學時期的成績表現不差，但也沒有到學霸的程度。直到大學時準備會計師考試，某天他忍不住詢問學霸讀書撇步，取得祕訣後認真實行，便陸續通過錄取率極低的會計師考試與司法考試，自此無往不利！

相信大家跟我一樣，看到這一定想說：「哇！作者學到的到底是什麼妙招，別賣關子快點跟我分享，我也想要一舉金榜題名！」

本書無私介紹五十個讀書訣竅（包含讀書心態與念書方法），而我前陣子出版的《國考歐趴》一書，也分享了如何花四個月考上國考（高考三級）的重要技巧。在此我從本書中提到的內容，綜合考生向我諮詢的經驗，列舉以下三個準備考試的重點：

1. 用考古題作為準備考試的核心

求學時代準備考試，總過度強調單向輸入資訊，不重視將所學資訊定期輸出，以至於考生面對國家考試自然會以拚命讀書、函授（線上課程）等方式準備，但這樣往往會因為該讀的書範圍太廣、背誦效率不佳，而無法順利上榜。

如果考生想在短時間獲得好成績，更應該刻意練習輸出，像是參加模擬考或勤練考古題，甚至如同作者反覆提醒：越早開始練考古題越好。根據我的輔導經驗，一旦考生越早克服初期知識不足的解題挫敗感，並且勤勞練習考古題，往往能用最少的力氣掌握命題趨勢以及科目重點，翻身成為「試」場贏家。

2. 自習為主，補習為輔

作者在書裡有明確建議考生，課程尚未結束時，應將上課與自習的時間比例安排為五：五；從準備考試的全部時間來看，上課與自習的時間比例以一：九最理想——在備考期間有意識的將自習比重調高，這概念也跟我在實際輔導時的觀察不謀而合。

多數國考生都執著於將補習班課程上好上滿，反而忽略了自主複習及練考古題的自習時間，但大腦反覆輸入知識而沒時間整理反芻，最終結果便是離上榜越來越遠。

3. 熟讀一本好的核心教科書，勝過讀萬卷書

我在《國考歐趴》這本書裡曾分享，當年我因為是非高考應試類科本科生，所以六門應考專業科目當中，高達五科須從頭自學，縱使在時間及知識不足的雙重壓力下，我仍有意識的熟讀核心教科書，這點我跟作者的觀念完全一致，而且我會將補充圖表浮貼其上等，加工這本核心教科書，讓它成為我的專屬應考聖經。

本書還有分享不少我也很常在臉書粉專提醒考生的備考重點，像是善用零碎時間、懂得取捨（教材、考科）、參考上榜者的心得等，還搭配非常直覺又可愛的圖像解釋，讀起來彷彿在與一位超有默契的學霸前輩對談，非常過癮，我甚至閱讀不到一半，便激動的起身寫文章推薦。一本內容如此豐富的好書，大家能不支持嗎？

最後，我還想分享一個書中的有趣片段，曾有人問作者：「什麼是準備考試時最重要的事？」作者回答：「盡情享受讀書的樂趣。」這也是我最期盼能帶給考生的體悟——國考雖是一趟長征的旅程，但它絕對有成功的脈絡可循，就像玩電玩一樣，反覆練習、不斷升級，最後贏得勝利。總之，**沒有上不了的榜，只有誤用的讀書策略**。

前言 幫大家快速通關的考試攻略

「All PASS 你好！」這句話是我寫部落格時慣用的問候語，在此，也請容許我用「All PASS 你好！」來向各位讀者問好。大家好，我是通過國家考試的律師與會計師，平木太生（jiji）。

我想，此刻拿起本書的你，應該在準備某項考試，或是家裡有考生的家長吧？你可能正在思索著：「有沒有更有效率的讀書方法，可以提升學習成果？」那這本書可說是完全符合你的需求。因為本書的目標讀者，正是所有以考試為目標奮鬥的人，包括國中、高中與大學生，以及準備證照或資格考試的考生。

首先，我想介紹一下我的求學背景：我從國小開始，就參加各種課後輔導與升學補習班，最後考上了算是前段班的法政大學，考試這條路還算是走得平穩順利。但這一路的求學過程，都只是隨波逐流的跟著一般人的腳步——上課時乖乖上課；大家去補習，自己也去補習；有人說要練習考古題，就練習考古題。不過，相較於考上日本名校，像是東京大學（簡稱「東大」）、早稻田大學、慶應義塾大學的學生，我的程度確實沒有他們優秀。

而我會意識到這件事，並成為人生的轉捩點，則是在大學時期，準備會計師考試的時候。當時我正在補習班苦讀，隔壁坐了一位東大的學生。我們明明都在同一家補習班，花了相同的時間上課、準備考試，但兩個人展現出來的學習成果，卻是天差地遠。

當我察覺到這段差距時，並沒有用「東大生就是不一樣，他們的腦袋比較聰明」來安慰自己。反而不顧旁人的眼光，直接詢問對方：「你是怎麼讀書的？為什麼能夠考出這麼厲害的分數？」他也毫不藏私的與我分享讀書方法，這些技巧和我過去的讀書方式完全不同。當時的我開啟了新視野：「原來有這麼多可以提升讀書效率的訣竅。」

從此之後我便深刻的體悟到，**考試成績與學習成果，並非取決於聰明才智，而是知不知道有效率的讀書方法**。我因此更進一步，向其他的優秀考生請教讀書方法，之後藉由他們的分享以及我的親身實驗，成績開始大幅度的提升，**甚至在大學三年級，就順利通過會計師考試**（按：作者的報考年分為二〇〇七年，該年度的日本會計師國家考試及格率為一九．三%）。我後來更靠著這些方法，**順利通過公認難考的司法考試**（按：相當於臺灣的律師、司法官考試）**一、二試**。

受惠於這些讀書方法，我得以順利通過會計師考試與司法考試等難關，所以我也想把這些方法介紹給大家，包括許多資優生的學習經驗，以及我在讀書的路上，摸索出來的訣竅等。學校會教我們學科的內容，但通常不會告訴我們讀書的方法，然而學會有效率的讀書方式，才能提高學習能力、增加吸收知識的效率。

像玩遊戲一樣，享受讀書的樂趣

世界上有各式各樣的學習方式，而我在本書中，會介紹五十個有效率的讀書技巧，都是我精挑細選，能幫助大家順利通過考試。

本書內容主要分為兩大類，其中一類是讀書的概論——念書時，應該建立怎麼樣的心態；而另一類則是各種念書方法，包括具體來說，用什麼技巧來實踐。在本書中，我用盡各種巧思來保持這兩大部分的平衡，因此我相當有信心，你只要讀完這本書就能徹底了解，面對高難度的考試應該建立什麼樣的態度，又該把心力放在哪些具體的念書方法上，才得以在短時間內通過各種考試。

雖然我介紹了各種成效驚人的方法，但每個人的性格、成長環境與考試目標都不一樣，讀書習慣也不同，所以大家千萬不要勉強自己，非得把書裡的所有方法都用在自己身上。

首先，你要知道有哪些讀書方法，接著挑選出自己感興趣的，實際嘗試後，如果成效不錯就可以繼續實踐，並依照自己的讀書習慣，調整成專屬於自己的學習技巧。

當有人問我：「什麼是準備考試時最重要的事？」我都會回答：「盡情享受讀書的樂趣。」畢竟如果心不甘情不願的勉強自己做某件事，也很難從中成長。然而讀書學習的樂趣，並非只能從書本中挖掘，包括提升成績、通過考試等，都是學習能帶來的樂趣與成就感。就像玩電玩一樣，反覆練習、不斷升級，最後贏得勝利。

衷心期盼這本書能成為各位面對考試的遊戲攻略本，幫大家快速通關、贏得考試這場遊戲的勝利。

作者準備考試的人生歷程

日期	事件
1986 年 10 月	出生於日本神奈川縣厚木市。
1990 年左右	因為腮腺炎導致右耳聽力受損，所以媽媽常對自己說：「你的右耳聽力比較差，記憶力應該會特別好——因為從左耳聽見的內容，就不會從右耳溜掉了。」
2001 年 7 月	母親過世。
2002 年 4 月	進入神奈川縣立厚木高中就讀，並加入羽球社。
2005 年 4 月	進入法政大學經營管理系就讀，入學後便開始準備會計師考試。
2007 年 11 月	順利通過會計師考試。
2009 年 4 月	畢業後任職於「KPMG AZSA LLC」企業。
2012 年 8 月	開始準備司法考試。
2012 年 12 月	離職成為全職考生，在老家專心準備司法考試。
2014 年 11 月	順利通過司法考試一試。
2015 年 9 月	司法考試二試落榜。在榜單旁對當時的交往對象（現在的妻子）求婚：「請再等我一年，一年後我一定會通過司法考試。」
2016 年 9 月	順利通過司法考試二試。在榜單旁確認考試通過後，立刻帶妻子辦理結婚登記。
2017 年 12 月	完成登錄程序成為律師，任職於「湊綜合法律事務所」。
2021 年 4 月	從「湊綜合法律事務所」離職。之後以合夥人的身分，創立律師事務所「律師法人 Trident」，並同時擔任「東京 CPA 會計學院」企業法講師（兩者均為現職）。

第 1 章

幫助我考上會計師、律師的訣竅

1 不斷解題、訂正，再解題

我們在準備考試時，會面對兩種學習情境：一種是「輸入」（Input），亦即透過上課聽講、閱讀課本和教科書等吸收知識；另一種則是「輸出」（Output），也就是練習解題、參加模擬考等，實際應用自己的所知所學來面對測驗。

大部分的考生著重於輸入，但是面對考試時，**應該把重點放在輸出**。當然，輸入與輸出就像車子左右兩邊的輪胎一樣，少了任何一邊都無法前進。不過，多數考生常輕忽輸出的重要性。

把重點放在解題

為什麼我會強調輸出的重要？因為大量的輸出練習，能幫助你避免在沒有效益的輸入練習上，浪費太多時間。

舉例來說，在準備考試的初期，可以**透過練習題預先知道所學內容，會以什麼方式出現在考題中**。並藉此判斷，哪些內容的出題機率比較高，可多下點功夫仔細讀；哪些內容的出題機率較低。像這樣先掌握出題方向後，在讀參考書時，就能避免浪費時間苦讀整本書，而是以最有效率的方式學習，迅速達成通過考試的目標（參考下頁圖表1-1）。

此外有一種說法是，人類的大腦對於修正犯錯的記憶，印象會更深刻。所以藉由寫題目再訂正，能讓我們記得更清楚。

另外，許多考生有一種錯誤的觀念：只要去補習班上課，把課程完整聽過一遍，就能通過考試。但補習班只能為考生指引通過考試的路徑，至於這

圖表 1-1　輸入與輸出兩種學習模式

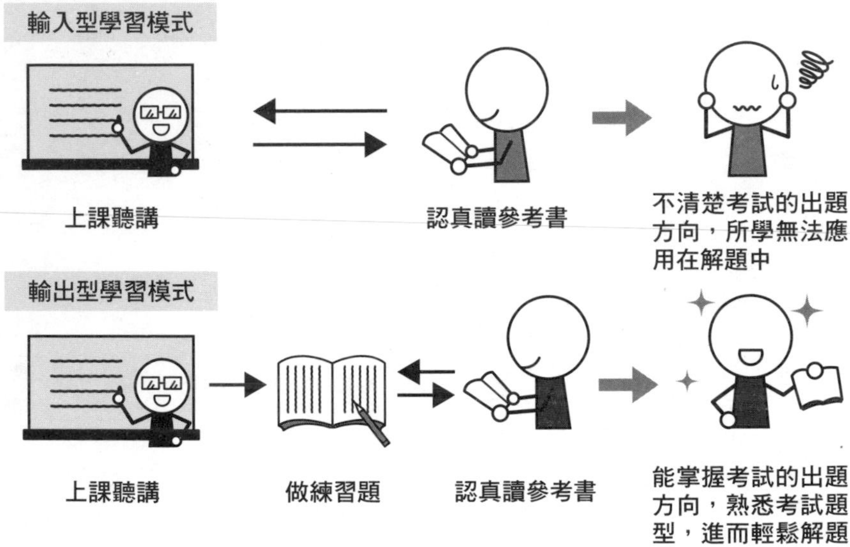
輸入型學習模式
上課聽講
認真讀參考書
不清楚考試的出題方向，所學無法應用在解題中
輸出型學習模式
上課聽講
做練習題
認真讀參考書
能掌握考試的出題方向，熟悉考試題型，進而輕鬆解題

條路能不能走得完、考試時有沒有辦法順利寫出答案，還是得靠考生個人的努力。所以光靠去補習班上課、參加模擬考、寫考古題，是遠遠不夠的，這也是大部分人落榜的主要原因。

那該如何準備？答案是：儘早把課程上完，並在正式考試前，**保留充足的自習時間**。尤其近年許多補習班都紛紛推出線上課程，可自行安排上課時間，不妨利用這點，把課程迅速上完。

在課程還沒結束時，我建議將**上課與自習的時間分配比例訂為五：五**。**自習時著重於輸出練習**，才能判斷自己是否已把學到的內容融會貫通。從準備考試的全部時間來看，上課聽講與自習的時間比例以一：九最理想。

2 與其看三本參考書，不如一本看三次

準備考試時，我們容易覺得別人讀的參考書比較好，進而產生「別人碗裡的食物比較好吃」的心態，導致同一個科目，不知不覺買了一堆不同版本的教科書——大家應該都有類似的經驗吧？

但用這種方式念書，違反人的記憶系統運作，因為人須透過一次又一次的閱讀、反覆加深印象，才能把知識刻到大腦中。總之重要的是，決定主要讀哪一本教科書和題庫，並不斷重複讀。幾乎沒有人能只看一遍教材，就過目不忘、熟記所有內容，所以**與其三本不同的教材各看一次，不如一本教材**

看三次。

如何挑選核心教科書？

那麼，要選擇什麼樣的教材來讀？我建議**選擇最多人用的參考書**。該教材能獲得最多考生青睞，代表書中的品質與完整度相對較高，符合多數考生的需求。哪怕裡面真的有缺漏，也是相對冷僻的內容，不必在這些地方鑽牛角尖。

至於借助補習班的課程準備考試的考生，則可信任他們的安排，直接以他們提供的內容作為核心教材。畢竟補習班的老師都是各科考試的專家，應該可整理出最適合考生的內容。

我在補習班上課時，也完全信任補習班的教材，以此作為讀書的核心，沒有額外購買市售的考試用書，也沒有報名其他補習班的課程。這看起來好像有點極端，但我認為，與其把時間浪費在挑選讀哪本書，不如把時間用來多讀幾遍核心參考書。

重複讀，到底要讀幾次？

決定好核心教材後，另一個問題就是：到底要讀幾次才夠？這個問題的答案會因教材類型而有所差異。教材類型分為兩類，一類是輸入型教材（例如課本、教科書等），另一類則是輸出型教材（例如題庫或解題書等）。

以課本、教科書這類輸入型教材來說，讀越多次記憶就越深刻。所以只要時間允許，就算重複讀十次或一百次都沒問題。

雖然我在前面說過，要以重視輸出的方式來準備考試，但這是為了掌握出題方向。另一方面，若專注在一本輸入型教材上並反覆讀，且練習完題庫後把錯的地方補充到書上，這本教材就會變成「應考聖經」般的存在。

圖表 1-2　與其看三本不同的參考書，不如一本參考書看三次

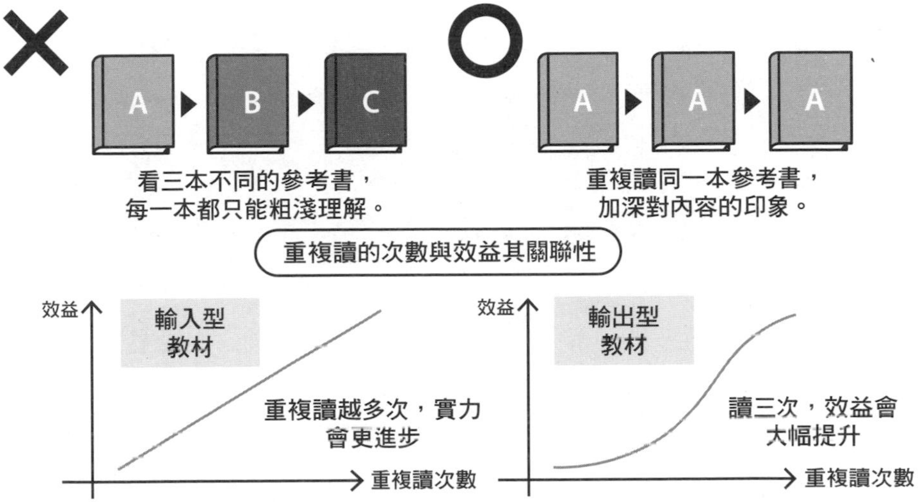
A
B
C
看三本不同的參考書，
每一本都只能粗淺理解。
A
A
A
重複讀同一本參考書，
加深對內容的印象。
重複讀的次數與效益其關聯性
效益
輸入型
教材
重複讀越多次，實力
會更進步
重複讀次數
效益
輸出型
教材
讀三次，效益會
大幅提升
重複讀次數

而題庫或解題書之類的輸出型教材，只要重複讀三次，學習效益會大幅提升，但在閱讀三次後，對考試的效益就不容易增加，因此輸出型教材請以重複讀三次為目標。這並非指輸出型教材在讀過三次後就沒用，多讀幾次，多少還是會有點幫助，不過因為很花時間，與其把時間花在同一本輸出型教材，不如重複讀三次後換新的內容，效益還比較大（參考圖表1-2）。

3 從考試當天往回推，擬定讀書計畫

無法順利通過考試的人，在念書時多半面臨兩種狀況：一、讀書計畫有問題；二、讀書計畫沒有問題，但無法確實執行。這裡指的讀書計畫，不論是寫下來或只在腦海中規畫都算。

如果面臨的是狀況二，那問題還不大，只要增加讀書時間，確實執行讀書計畫，有朝一日一定能通過考試。

但如果是狀況一，畢竟使用錯誤的讀書計畫，因此無論花再多時間來準備，也難以通過考試。

考試失利，可能跟讀書計畫有關

我在歷經各種考試後了解到，考試結果完全取決於讀書計畫。接下來，我會與大家分享讀書計畫的制定方式。

每當我對考生說：「請讓我看看你的讀書計畫。」此時大部分考生會拿他的行事曆給我看。上面寫著什麼時候上課、什麼時候有小考等，但這些只是自己安排的行事曆，並不是讀書計畫。

所謂的讀書計畫，應**從考試當天的日子往回推算，用反推的方式擬定各階段的任務**，包括什麼時候要完成什麼項目等。用這種方式擬定讀書計畫，讓我們清楚知道在正式考試前，有哪些不擅長的地方；該上哪些課程、讀哪些教材；在何時該讀哪些內容等。如果沒有完整且正確的讀書計畫，就好像登山沒有帶地圖一樣，一不小心就會在學習的道路上迷失方向。

擬定讀書計畫的流程，大致可遵循以下步驟（參考第四十三、四十四頁

圖表1-3）：

1. 確定要做的項目

第一步，先寫考古題，從答題的過程中，判斷自己目前對考試的掌握程度。接著，依照自己的程度，擬定應該上幾堂課、看幾次參考書、參加幾次模擬考等。

如果是比較陌生的考試，一開始可能難以掌握全貌，此時可上網參考合格者的考取心得，看看這些心得的共通點有哪些。

2. 評估各個項目所需的學習時間

接下來評估在前一個步驟中列出來的項目，分別需要多少時間。例如，假設某科目的課程約有五十堂、每堂課是兩小時，那上課的總時數就是一百小時；完成一本題庫須花五十小時，如果重複練習三次，就要花費一百五十

圖表 1-3　擬定讀書計畫的方法

✕ 常見的錯誤讀書計畫表＝行事曆

一	二	三	四	五	六	日
	1	2	3	4	5	6
	預習 講義一	複習一	解題 練習	預習 講義二	複習二 背誦	考題 解析 A
7	8	9	10	11	12	13
彈性 時間	預習 講義三	複習三	解題 練習	預習 講義四	複習四 背誦	休息日
14	15	16	17	18	19	20
彈性 時間	預習 講義五	複習五	解題 練習	預習 講義六	複習六 背誦	考題 解析 B
21	22	23	24	25	26	27
彈性 時間	預習 講義七	複習七	解題 練習	預習 講義八	複習八 背誦	休息日
28	29	30	31			
彈性 時間	預習 講義九	複習九	解題 練習			

（接下頁）

〇 正確的讀書計畫表＝分配時間與進度

學習項目	預估時間	20X1 年			20X2 年							
		10月	11月	12月	1月	2月	3月	4月	5月	6月	7月	8月
輸入型教材												
補習班講義	200	50	50	50	50							
彙整筆記	100			25	25	25	25					
熟讀課本、例題	350					50	50	50	50	50	50	50
背學說、爭點	350					50	50	50	50	50	50	50
輸出型教材												
題庫	450	50	50	50	50			50	50	50	50	50
考題解析	120				20	20	20	20	20	20		
考古題	250							50	50	50	50	50
全國性模擬試題	20										20	
	1840	100	100	125	145	145	145	220	220	220	220	200

↑ 總學習時間　　↑ 每個月應花費的學習時間

小時。

3. 安排各個項目的進度

安排各個學習項目要花多少時間在哪個時期上，並確認這些時間安排是否可行？是否能在考試當天前執行完畢？

4 可應用的零碎讀書時間，比你想像中多

考試成績取決於「讀書時間×讀書效率」，將讀書時間與讀書效率都提升到極致，才有可能通過考試。

假設我們找到一種非常有效率的學習方式，但每天只花五分鐘讀書，最後也只會得到落榜的結果；又或者，每天花二十小時用功，但使用的方法沒有效率，最後一樣會落得不合格的下場。

所以如果覺得自己明明有念書，但成績始終沒什麼起色或進展，請先用「讀書時間×讀書效率」的公式來檢討。

以我多年來的觀察，我發現許多考試失利的考生，比較常出現的問題是**花在讀書上的時間不夠**，此時比起尋求各種讀書技巧，應先盡可能擠出最多的時間來準備考試。

我當年在準備司法考試時，每天的作息就是：讀書十七小時、睡覺六小時（剩下的一小時用來吃飯跟休息）。除了睡覺以外的時間，全部用來準備考試？相信有許多讀者，應該會覺得相當震驚（參考左頁圖表1-4）。

每個人的狀況不一樣，可能會因為學校、生活、家庭、工作等因素，無法把全部的時間都用來讀書。但我還是想提醒：考試很無情，它不會考量每個人的處境。嚴格來說，如果同一群考生當中，有人可排除一切障礙、全心全意用大部分的時間念書，那他必然有機會得到比你更好的結果。

而且，只要讀書的時間增加，會因為希望投入的時間能獲得回報，無形之中督促自己提升讀書效率。

圖表 1-4　讀書時間與考試成績的相關性

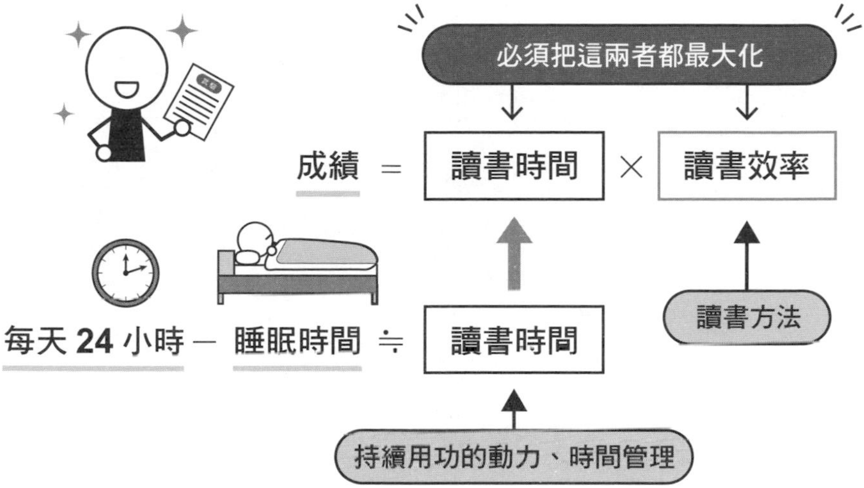
必須把這兩者都最大化
成績 ＝ 讀書時間 × 讀書效率
每天 24 小時 － 睡眠時間 ≒ 讀書時間
讀書方法
持續用功的動力、時間管理

善用零碎時間

許多考生聽到我說「每天的讀書時間高達十七小時」後，會說自己沒辦法在書桌前坐這麼久。但我說的十七小時，除了坐在書桌前拚命用功外，也包括許多利用零碎空檔讀書的時間。

例如走路去車站、搭電車，甚至吃飯、洗澡或刷牙的時候，都能拿來有效運用。只要在日常生活中加入讀書時間，就會發現可應用的零碎時間，比想像中還要多。

此外，按照零碎時間的差異，適用不同的讀書方法。例如，在走路或吃飯時，使用一些單手就能操作的輔助學習工具，像是單字卡等；洗澡時，把一些須背下來的內容寫在防水紙上，貼在浴室牆面，邊看邊讀出聲音複習，或用防水喇叭播放考試相關內容，用耳朵來吸收資訊。

像這樣把準備考試這件事，融入在生活當中的各種空檔，讀書時間就會因此大幅增加。

5 不懂的先跳過，大量且快速的重複讀

我在前面已介紹過，重複讀對於準備考試的重要性，以及輸出型教材讀三次的理由。

但講得更深入一點，其實我希望大家能做到**大量且快速的重複讀**。舉個極端一點的案例，據我所知曾有厲害的考生，會把手中的題庫重複讀七十次以上。我並不是要鼓勵每個人都做到這麼誇張的境界，只是想提醒你，和你一起上考場的對手當中，確實有人會把所有教材都讀到滾瓜爛熟。

不懂的地方先跳過

這些強者如何快速重複讀？關鍵在於**看不懂的地方先跳過**，不要讓自己糾結在看不懂的地方。這麼做有兩個理由（參考左頁圖表1-5）：

第一，有可能以現在具備的知識，還不足以理解這些看不懂的內容。許多知識彼此之間有密切的關聯性，並非完全獨立。有時初次接觸某些內容，即使花時間仔細鑽研仍無法理解，然而只要按部就班的逐步建立觀念，這些原先無法理解的內容，讀到最後就有可能自然而然的想通。

第二，看不懂的地方有可能是不重要的內容。如果是為了通過考試而用功，那讀書的目的就不是成為專家或學者。此時要做的，是盡可能掌握考科的全貌，分辨出哪些是考試中容易出現的重點內容、哪些是幾乎沒出現過的冷僻知識。當你不斷重複讀時，你可能會發現那些看不懂的地方，不是考試的重點。

圖表 1-5　常見的讀書方式 vs. 快速重複讀

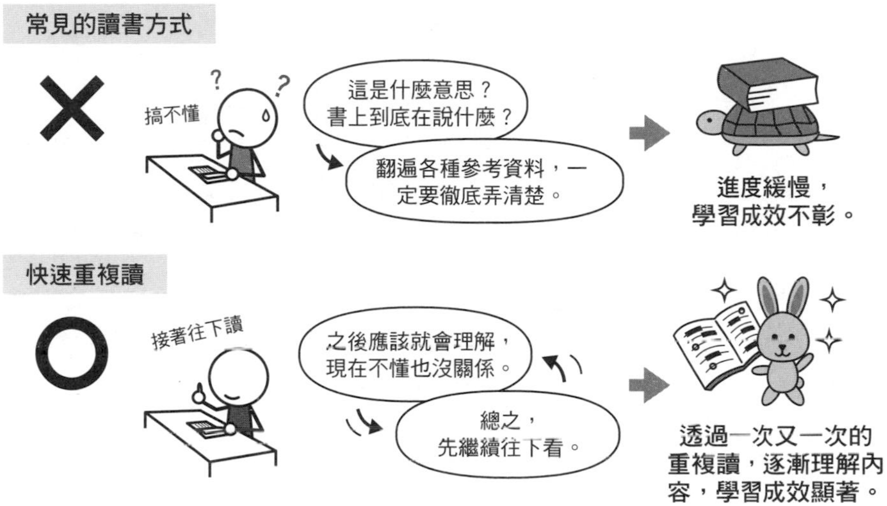

潛意識知覺：在腦海中累積印象

大量且快速重複讀的目的，並不是為了搞懂所有問題，而是為了透過閱讀，**在腦海中累積印象**。就算每次閱讀時只有淺淺的記憶，只要次數夠多，一次又一次的重複輸入，就能加深記憶。

總之我想表達的是：

善用潛意識知覺（閾下知

覺，Subliminal Perception）。所謂的潛意識知覺是心理學用語，意指在極短的時間內用某種方式持續刺激知覺，以影響我們的潛意識。例如在電影中的某個影格，連續置入多次可樂的圖案，可能使觀眾產生想購買可樂的意願，進而提升產品的銷量（按：美國一名廣告者，宣稱以此方式增加了可樂的銷量，但後來出面道歉，說是瞎編的；不過也有心理學家推測，在動機高的情況下，刺激知覺以影響潛意識的效果會成立）。

畢竟我不是心理學家，不知道潛意識知覺在科學領域上，有沒有什麼新的發現或運用，但自從知道潛意識知覺的理論後，就聯想到可應用在準備考試上。即使沒有刻意背某些內容，只要接觸或閱讀的次數夠多，就會在大腦中累積記憶，這就是我推廣大量且快速重複讀的理由。

6　一開始就寫考古題

「等到正式考試前再做考古題，藉此測試自己的實力。」相信許多考生在準備考試時，都有這樣的錯誤觀念，請大家立刻拋棄這種想法。

我之所以能成功通過各種考試，最關鍵的因素在於**用考古題作為準備考試的核心**。而且是**從一開始準備考試，就馬上接觸考古題**，並在讀書的過程中，一而再、再而三的練習。

「題目不可能跟以前出的一模一樣，所以不須在考古題上多花心思」、「等到正式考試前再練習考古題就好」……有這種想法的考生，遠比想像中的還要多。

其實在考試範圍內，重點就只有那些，不管由哪一位專家學者出題，大家認為重要的內容也會不斷出現。雖然題目不會一模一樣、題型有點變化，但考試出題的方向，都是在測驗這些重點。因此我敢說，以前的考試中出現過的，一定會換一種形式後，再一次出現在正式考試的題目中。

此外，練習考古題也可以用來判斷自己與通過考試的目標，相距還有多遠。如果做完考古題，發現自己的成績還不錯，達到合格的標準，就代表通過考試的機率很高。就像前面所說，擬定讀書計畫時，要從目標回推，藉此安排在哪個階段要讀那些內容。而用來判斷距離目標還有多遠的標準，就是考古題。

透過練習考古題，不斷縮短自己與目標的差距，也是一種擬定讀書計畫的方式。

什麼時候該練習考古題？

具體而言，練習考古題的時間點有兩個（參考下頁圖表1-6）：

首先是**剛開始準備考試的階段**。大家可能會覺得困惑，因為根本完全無法解題。但就算是這樣也無妨，因為一開始就練習考古題，目的是想藉此掌握考試的方向，包括考試內容有哪些？考題的形式為何（像是選擇題或申論題等）？這些必要資訊，會大幅影響準備考試的方法。

接著則是在**第一次讀完所有輸入型教材後**。不論是在補習班上課或自學，讀過一遍考試範圍的內容後到正式考試前，是提升考試實力的關鍵期，此時練習考古題，才能知道自己哪個部分須補強。正課一結束就馬上練習考古題，成績可想而知不會多好。但那些錯誤的地方，就是要加強的地方，如果不早點嘗試解題，就永遠都解不開考題，所以越早練習考古題越好。寫考古題時，就算一時無法理解題目與解答，也可以直接把解題方法記下來。

圖表 1-6　有效率與沒效率的讀書方式

一般常見的考試準備方法（沒效率）

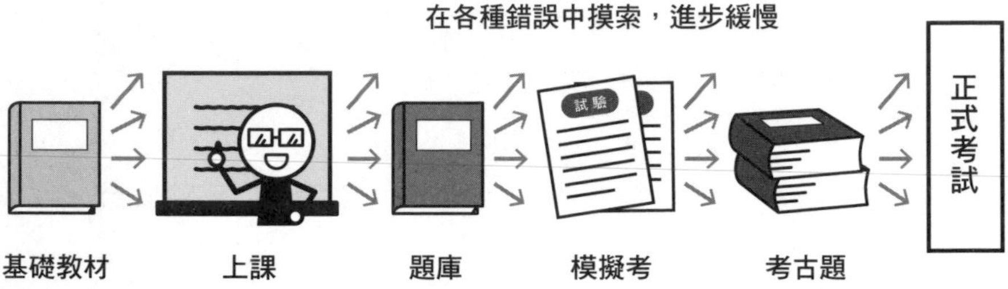
在各種錯誤中摸索，進步緩慢
正式考試
試驗
基礎教材
上課
題庫
模擬考
考古題

從考古題開始準備考試（有效率）

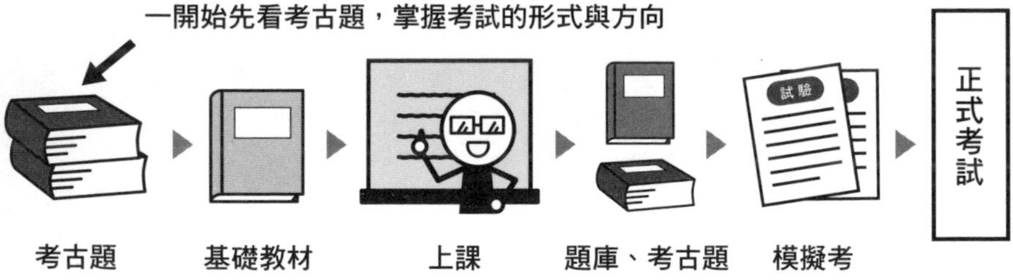
一開始先看考古題，掌握考試的形式與方向
正式考試
試驗
考古題
基礎教材
上課
題庫、考古題
模擬考

7　多參考那些合格者的心得文

準備考試的過程，其實跟角色扮演遊戲（RPG遊戲）有點像，都是以打敗大魔王為最終目標。那麼，大家平常是怎麼玩遊戲的？

以我來說，我玩遊戲前喜歡研讀攻略本，預先了解遊戲資訊，例如哪裡可以找到夥伴？哪裡有關卡首領？哪裡買得到道具裝備？以及大魔王的弱點是什麼？並利用這些情報，加快破關的速度（雖然會因此減少一些玩遊戲的樂趣……）。

而準備考試就像玩遊戲，為了最後能通過考試，考生不斷學習、升級，

圖表 1-7　合格者的心得分享，就是考試的攻略

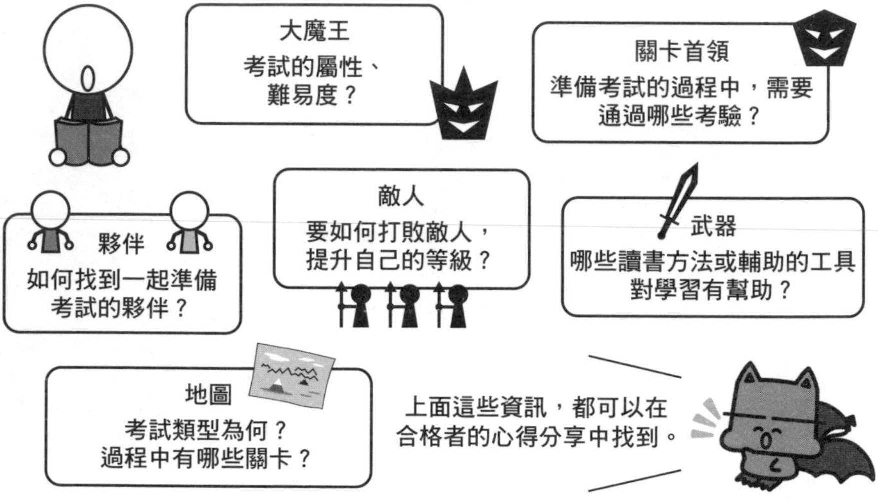
大魔王
考試的屬性、難易度？
關卡首領
準備考試的過程中，需要通過哪些考驗？
夥伴
如何找到一起準備考試的夥伴？
敵人
要如何打敗敵人，提升自己的等級？
武器
哪些讀書方法或輔助的工具對學習有幫助？
地圖
考試類型為何？過程中有哪些關卡？
上面這些資訊，都可以在合格者的心得分享中找到。

過程中面臨模擬考等狀況，就像遇到各個關卡的首領。不過考試不必講究樂趣，越快通關越好，所以考生應借助「攻略本」，來加速通關過程。

哪些資訊是考試的攻略本？**他人在通過考試後分享的心得文**，就是值得參考的內容。（參考圖表1-7）這些心得文的作者，分享了準備與應考的過程，並以合格的成績證明，這些方法確實可行，非常適合當作考試的攻略本。

有些人可能從來沒看過這一類的文章。一般來說，補習班通常會幫考生蒐集、整理好合格者的心得，因此補習班裡通常會有；或自行上網搜尋，許多考試合格的人，會在部落格上分享準備的經驗；又如果，身邊剛好有親朋好友曾通過考試，直接向對方請益也是不錯的做法。

找出合格者的共同點

看了許多考試合格的心得文章後，首先要找出這些人的共同點。雖然這些人的學習方法與環境都各有不同，採取的應考策略也有差異，但他們應該有一些共同點，例如認為「打好基礎很重要」、「不可忽略考古題」等，這些合格者不約而同重視的地方，就是幫助我們順利通過考試的關鍵。

至於這些考試合格者的心得分享，可以在什麼時間點幫助我們？第一，是一開始準備考試的階段。因為此時你正在擬定讀書計畫，而透過這些經驗分享，可預先知道讀書的過程中，有哪些考驗。如果你已經在準備考試，卻還沒看過相關的文章，請現在馬上找來參考。

第二個時間點，是陷入低潮的撞牆期，就是指成績陷入停滯、分數無法繼續提升的階段。遇到這種狀況時，就可參考合格者的心得分享，看別人怎麼克服低潮，並從中尋找再次振作、提高讀書動力的方法。

8　強制速讀法：每頁只能看一分鐘

速讀是坊間曾流行過的一種學習方式，它標榜能讓我們用很快的速度讀完一本書，而且還能確實吸收書中的內容。既然速讀這麼神奇，那大家曾想過用速讀法來準備考試嗎？

我就曾被深深吸引過，想借用速讀的神奇力量來幫助自己通過考試，甚至還為此大量閱讀各種與速讀有關的書籍，並親身實驗書中介紹的方法。最後得到的結論是，閱讀速度變快了，但書中的知識並沒有讀進腦袋。所以拿來應用在準備考試上，並不完全合適。

強制速讀，時間到就翻頁

雖然傳統的速讀法無法直接應用在準備考試上，但我仍一直思考著：「有沒有什麼讀書方式，可以加快重複讀參考書的次數？」最後，我創造出**「強制速讀法」（1P1M學習法）**。

這個方法相當簡單：讀書時搭配計時器一起使用，**先設定倒數計時一分鐘，當時間一到，就強迫自己翻到下一頁**。因為每一頁（Page）只花一分鐘（Minute）來閱讀，所以我又稱為「1P1M學習法」。

強制速讀法的優點，在於能在固定的時間內快速翻閱整本書，即使教材的內容高達三百頁，也只需要三百分鐘，等於五小時的時間，就能從頭到尾讀過一遍。此外，透過這個方式快速閱讀時，**若有任何不懂的地方，就先用標籤便利貼標示**，之後再深入理解那些部分就好。

哪怕每次讀都只有淺淺的印象，**只要增加重複讀的次數，就能在腦海中**

圖表 1-8　強制速讀法：時間到就翻頁

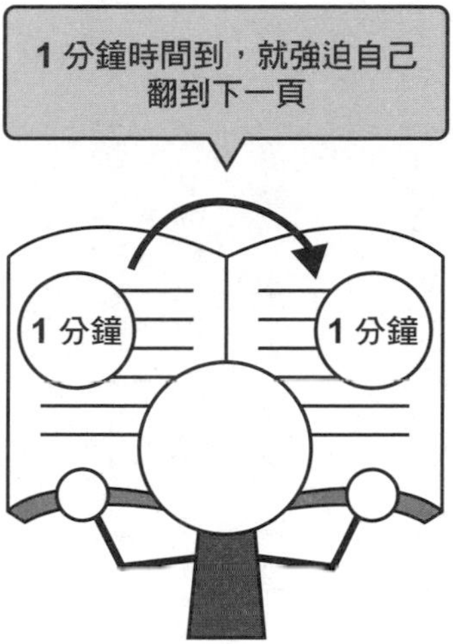
1 分鐘時間到，就強迫自己翻到下一頁
1 分鐘
1 分鐘

優點

- 300 頁的教材只需 5 小時（300 分鐘）就能完成閱讀。
- 能有效避免自己一直卡在不懂的地方，導致進度緩慢。
- 可藉此掌握參考書的整體架構。

訣竅

- 有不懂的地方，就先用標籤便利貼做記號，之後再慢慢理解。
- 若已經熟悉書中內容，可將時間限制縮短為 30 秒。

特別推薦給完美主義作祟，以至於讀書進度緩慢的考生。

留下記憶。強制速讀法能幫我們快速增加重複讀的次數，並進而掌握參考書的整體架構。

前面簡單介紹了強制速讀法的基本概念，也就是用每頁讀一分鐘的速度來念書。除此之外，如同圖表 1-8 表示，我還想介紹進階的應用版本：

例如**縮短時間限**

制，改成每頁讀三十秒。但這種進階做法，比較適合用在已經反覆閱讀過許多次的教材上，因為已經很熟悉書中的內容，這三十秒只是用來確認，是否都理解無誤。像我在參加司法考試前使用強制速讀法念書，速度已經高達每頁只讀十五秒。

此外，不只是須多次重複讀的輸入型教材，強制速讀法也能應用在題庫或解題書之類的輸出型教材中。但快速重複讀輸出型教材時要注意，要讀的地方在於**做錯的題目旁的解題說明**，而不是題目本身。只要掌握這個重點，輸出型教材也能變成輸入型教材，此時就算沒有動手解題，也能幫助自己複習，針對答題弱點來加強。

9 預習、上課和複習的時間分配

有些考生會透過上課或補習來準備考試，這時要注意預習與複習的時間分配。

以老師單方面講解的課程來說，預習與複習的時間分配比例，約為**每一小時的課程，事先花五分鐘來預習，事後花三小時複習**。如果是課堂中進行大量討論，或須完成大量作業的互動式課程，則可依上課的實際需求來調整比例。

為什麼留給預習的時間這麼短？畢竟是老師還沒講授的課程，就算花時間做準備，能理解的程度也相當有限，此時把心力花在預習上，反而是比較沒有效率的做法。而且補習班或學校老師的工作，本來就是以淺顯易懂的方式，來說明教科書中的內容，並利用上課的時間分析考試趨勢，因此在上課時專心聽講對準備考試來說，才是相對重要的。

預習，只要花五分鐘

預習時間只有五分鐘，該做什麼？在這個階段，要做的只有**閱讀教材的標題，並用螢光筆標記**。具體的做法，我會在本書第三章詳細介紹（參考第一〇四頁）。此時不必理解各章節的內容，只要用螢光筆標注即可。

這麼做是為了更容易了解，在接下來的課程中會出現哪些內容，並幫助我們在上課時，知道課程目前位於什麼進度，避免在學習的過程中迷路。

所以預習時，只須簡單讀過一次標題，並用螢光筆標記，花不到五分鐘就能在上課前完成。

上課與複習時應該做什麼？

而**上課時，要確實做好筆記**。至於要記下哪些內容？我建議，不只是老師叮嚀說很重要、一定要記下來的部分，就連課程中的舉例說明，甚至是老師說的笑話或閒聊等，都可以記錄下來。而且要用自己的邏輯，把筆記內容補充在教材上，讓這份教材，成為專屬於自己、獨一無二的應考祕笈。

另外，**上課內容只要聽過一次即可**。雖然線上課程可能沒有觀看次數的限制，不論你想重複聽幾次課都可以，但上課聽講畢竟是被動學習，而且也很花時間，所以我建議專心聽過一次就好。

至於複習的方式，每個人的習慣或做法都有所不同。

我的做法是，在每次上完課後，把課程的內容整理成記憶樹筆記（參考

圖表 1-9　預習、上課與複習的時間分配與執行重點

預習（5 分鐘）	上課（1 小時）	複習（3 小時）
重點 不必花太多時間預習。	**重點** 確實做好筆記，最好連舉例或閒聊的內容都寫下來。	**重點** 根據上課的筆記，確實複習課程內容。
理由 在預習階段，就算認真閱讀也未必能讀懂，只要先用螢光筆標記標題，初步了解課程即可。	**理由** 在事後可藉由老師的舉例或閒聊內容等，喚起與課程相關的記憶。總之，就是盡量寫筆記。	**理由** 由於課程與課程之間相互有連貫性，所以在進行下一堂課前，要確實複習前一堂課的內容。自主複習是最重要的學習時間。

第七十七頁），並動手練習對應範圍的題目，完成後才進行下一堂課（參考圖表1-9）。

但製作記憶樹筆記是我的習慣，大家不一定要照著做。

複習並沒有特定的形式，只要確實理解課程內容、實際動手練習題庫，確認自己對課程的理解情況，就能繼續往下一堂課邁進。

第 2 章

製作專屬自己的應考聖經

1 拆書、割書都是必要之惡

不論是學校的教科書或補習班的教材，甚至是自己買的參考書等，大家是不是課本一入手，就整本拿來讀？

其實在準備考試時，不一定要讓教材保持書本的狀態，為了提高讀書效率，有時動手拆書、割書，對於考生來說更方便使用。

割書的方法非常簡單，只要切割書背的裝訂線或黏膠，然後在拆下來的書頁側邊打洞，就可以把一頁頁的課本放到活頁資料夾中靈活收納。

這套處理教材的加工法，讓我更輕鬆、更有效率的準備考試，進而改變

圖表 2-1　把課本拆開來讀的好處

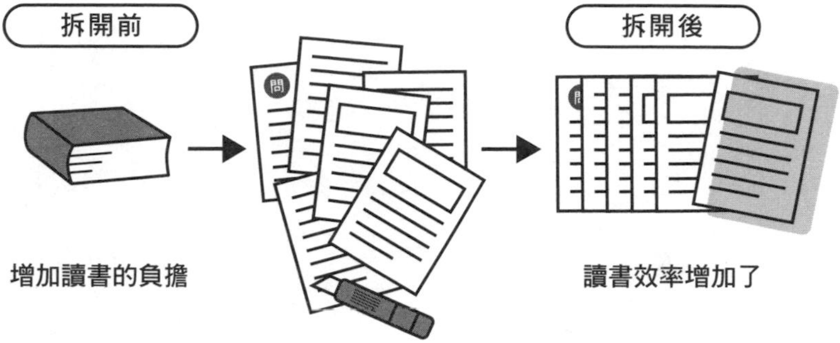

拆開前：
- 厚重又占空間。
- 難以在對應章節中加入補充資料。
- 不用手壓住，就很難固定在同一頁。

拆開後：
- 課本或教材在拆開後，更方便攜帶。
- 可在對應章節加入相關的補充資料，做到統一集中整理。
- 不用手壓，就能輕鬆固定在某一頁。

自己的人生，說它是我考試的救星，一點都不誇張。

為什麼要割書？

割書有三大優點（參考圖表2-1）：第一，能**統一集中整理**。把課本拆散後，就可以把同一個章節的相關資料，例如課程摘要、補充講義或自己整理好的筆記等，和割下來的參考書內容放在一起，以方便查閱。至於統一集中整理的重要性，我會在本章的下一節詳細說明。

第二個優點是，減輕攜帶課本或教材外出的負擔。每次出門都帶著好幾百頁的參考書，相信任誰都受不了。若把書拆開來使用，就只須帶當天預計讀的部分，無形中減輕了不少的負擔。

最後是不必為了固定在某一頁上，而費力壓住課本。讀厚重的書時，如果不用重物或手壓住課本，書就容易合起來，造成閱讀上的不便。只要把課本或教材拆開來使用，就能解決這個問題。

2 把同一章節的課本、筆記放一起

我在前一節強調了統一集中整理的重要性。所謂的統一集中整理，是指把相關資料集合起來，不散放各處。例如**把同一章節的教科書內容、上課講義與筆記等集中在一起**；而不是課本歸課本、筆記歸筆記，補習班的教材又另外放，都放在不同的地方，導致最後只讀了課本的內容。

為了統一集中整理，首先要做的是用本章前一節介紹的方式割書，再按照各個章節補充相對應的資料，讓同一個章節主題的所有內容集中在一起。

統一集中整理要做到什麼程度？最理想的狀態是，每個考試科目都整理出一份輸入型教材與一份輸出型教材。

該如何整理出一份完整的輸入型教材？你可用拆開來的課本為基礎，陸續將資料補充到教材裡，包括上課講義、筆記，甚至是練習解題時，寫錯的題目的解析等。像這樣整理出來的輸入型教材，就會變成自己專屬的應考聖經，只要讀這本就夠了（參考左頁圖表2-2）。

至於輸出型教材要如何統一集中整理？你可把筆記寫在會重複讀的題庫上，像是「這個問題的重點在哪裡？」或「這一題犯錯的原因為何？」然後在正式考試前，把這些註記重點的部分再重新複習。

上考場時，只須帶統一集中的教材

不論是輸入型教材或輸出型教材，只要經過自己統一集中整理，**就能在考試前的最後衝刺階段，發揮強大的威力**。以輸入型教材來說，裡面完

圖表 **2-2** 將所有資料統一集中整理

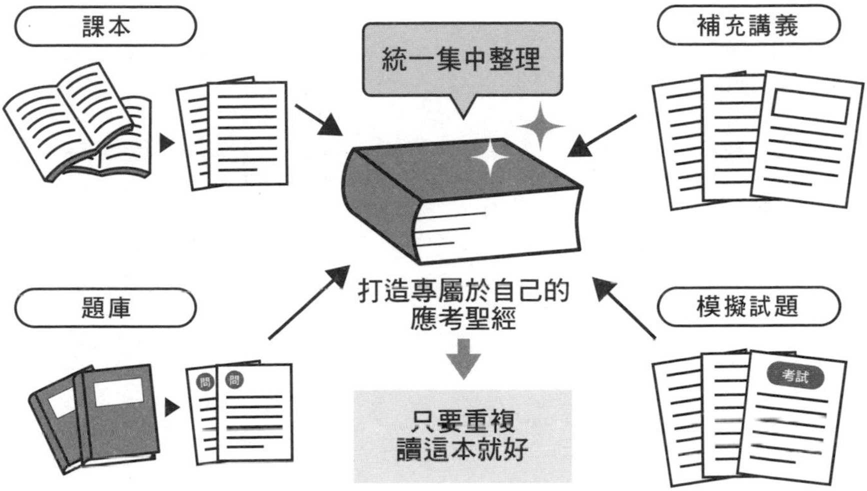
課本
補充講義
統一集中整理
題庫
問
問
打造專屬於自己的
應考聖經
模擬試題
考試
只要重複
讀這本就好

整收錄了從開始準備考試以來，所有學過的內容。只要讀這本，就可以直接進行總複習；而輸出型教材，則彙整了練習解題時常見的考試重點與常犯錯的弱點，有助於你加強複習這些部分。

此外，還能搭配前面介紹的強制速讀法，在面對正式考試前，快速重複讀這些集中整理的教材，來進行總複習。

正式上考場時，我們常會看到一堆考生讀著各式各樣的參考書，在現場做最後衝刺。但面臨考試關頭，已經無法從分散在每一本書中的考試重點，找到自己有待加強的內容。

我建議**上考場時，只要帶著統一集中整理後的教材就好**。畢竟在考試當天，大包小包的帶了一堆東西，只會平白增加自己的負擔，沒有半點好處。

3 記憶樹筆記法：架構一目瞭然

在這一節中，我要介紹「記憶樹（Memory tree）筆記法」，這個寫筆記的方式，可用來彙整與歸納資料。

記憶樹筆記法的寫法是，先在版面的正中央，寫上主要議題（或是課程內容的主題），接著把該主題下面的章節標題或內文關鍵字等，依序寫在主題的周圍，就好像是樹木延伸展開的枝葉一般（參考第七十八、七十九頁圖）。有些人會把這種方法稱為「心智圖」，但我比較喜歡「記憶樹」這種稱呼方式。

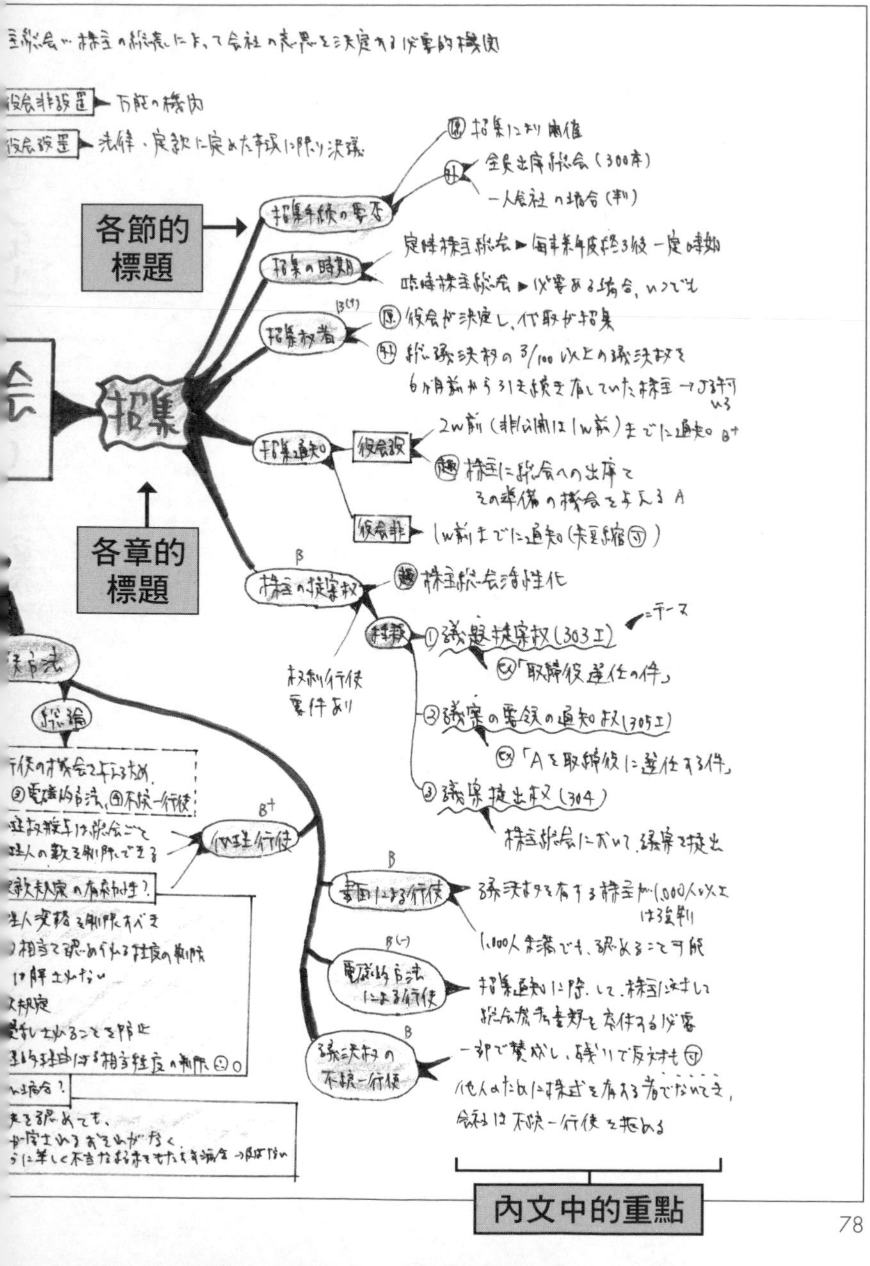
招集
各節的標題
各章的標題
內文中的重點

圖表 2-3-1 記憶樹筆記法，可以幫助我們通過困難的考試

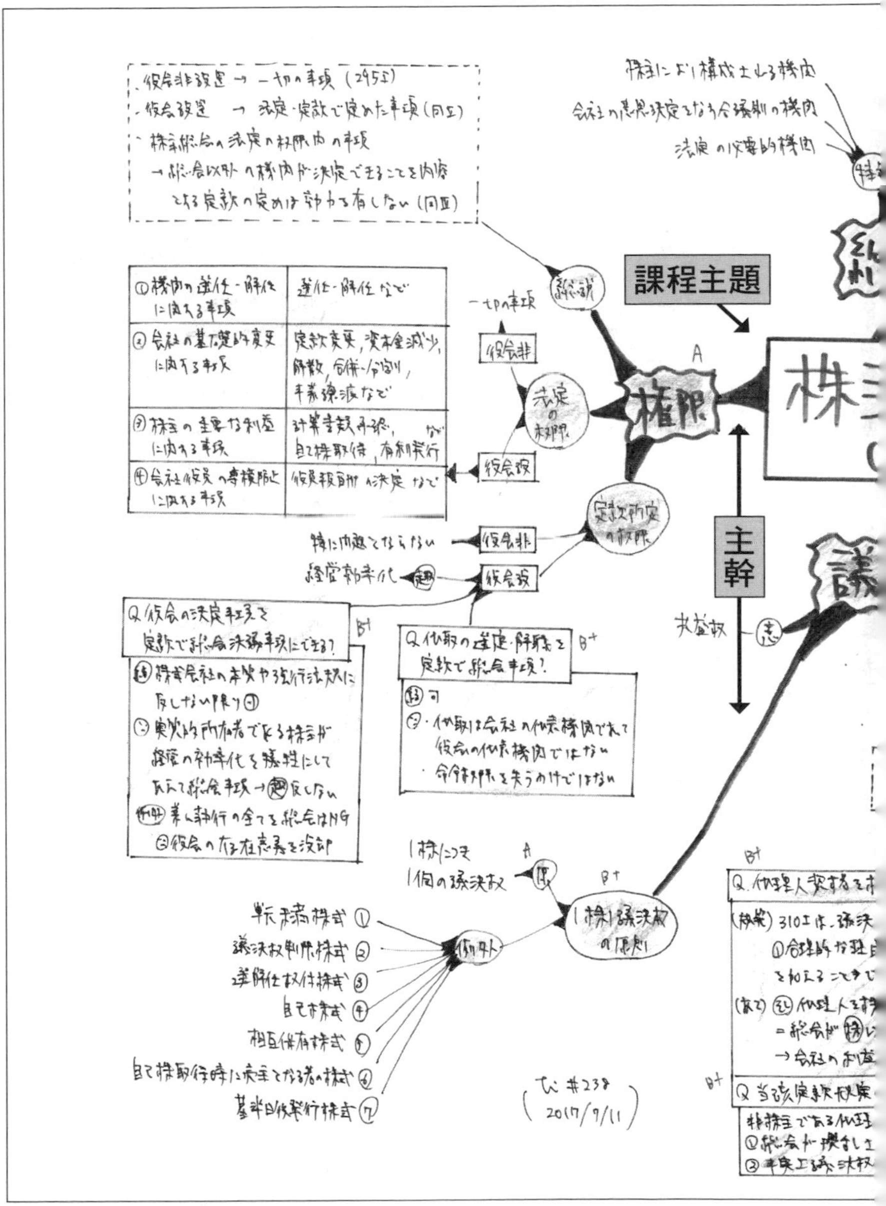

我在上大學前，讀書時總是不明就裡、囫圇吞棗。但在上大學後，無意間學會記憶樹筆記法，我的人生從此豁然開朗，這個方法更幫助我順利通過會計師考試。後來我甚至應用在準備司法考試上，製作出非常完整的筆記，結果真的順利通過考試。記憶樹筆記法的強大威力，可見一斑。

據說人類的大腦在形成記憶時，並不是由上往下、依序記錄文字或資訊內容，而是透過名為「突觸」（Synapse）的神經構造，以放射線的形狀，一點一滴的編織記憶。

許多人在整理筆記時，習慣從活頁紙或空白頁面的上方開始往下記；而記憶樹筆記法的書寫方式是，把主題寫在版面的正中央，並以此為起點向四周寫，如同樹木的枝葉向外延展。

像這樣的寫法，與人類大腦的思考模式十分相近，因此普遍被認為是適合人們使用的學習法。

掌握全體樣貌與建立層級架構

記憶樹筆記法還能幫我們**掌握全體樣貌**，因為先了解整個考科，以及參考書的各個章節概況，對於準備考試來說非常重要。而應用記憶樹筆記法，可在一張紙的範圍內，將整個考試內容的重點完整呈現，得以快速看清考科或特定章節的整體內容。

此外，我們還能藉由記憶樹筆記法，**建立明確的層級架構**。因為用這個方式寫筆記時，是從中心的主題開始，按照階層將參考書的章、節、內文重點由內而外依序填寫。

當你寫好記憶樹筆記時，層級架構也一覽無遺。總結來說，這是能同時掌握全體概況與建立層級架構的神奇工具。

記憶樹筆記該怎麼寫？

如何實際應用記憶樹筆記法？這套方法有固定的規則與邏輯，任何人都能輕鬆學會。但連我這種熟悉步驟的使用者，在製作一張完整的記憶樹筆記時，都須花費約三小時左右的時間。所以在下面各階段的說明中，我會連同各步驟預計花費的時間，一併提供給大家參考（參考左頁圖表步驟）：

1. 熟讀章節內文：約二十五分鐘

一般來說，我建議把參考書中一章的內容，整理成一張記憶樹筆記。閱讀內容時，要一邊留意章節架構與內文關鍵字，並注意哪一段內容特別豐富；順便在腦海中構思，稍後要在圖表上寫什麼。把章節內文讀通、讀透，是製作記憶樹筆記的最重要關鍵，會影響到整個筆記的品質。

圖表 2-3-2　記憶樹筆記的製作方式

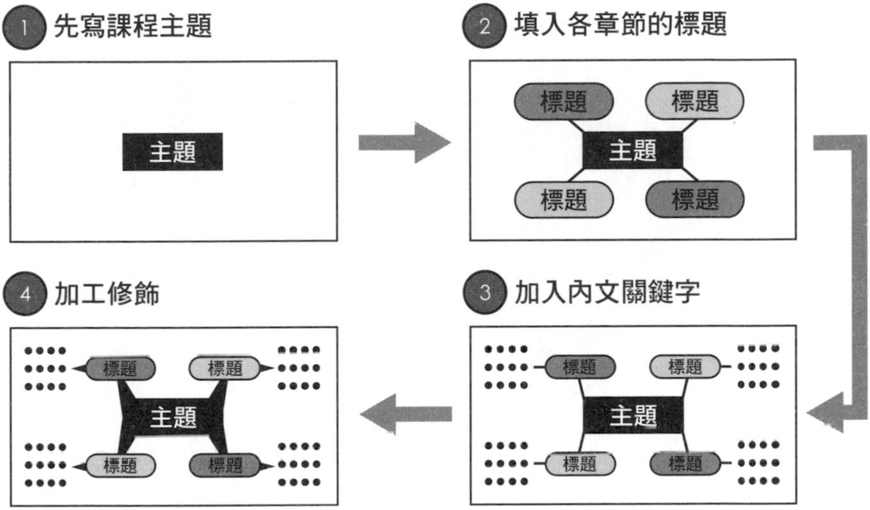
1 先寫課程主題
主題
2 填入各章節的標題
標題
標題
主題
標題
標題
3 加入內文關鍵字
標題
標題
主題
標題
標題
4 加工修飾
標題
標題
主題
標題
標題

2. 製作圖表：約二．五小時

在腦海中已經有了圖表的大致架構後，接著就要把它寫出來。剛開始可能還不習慣這種做筆記的方式，可以先**依照內容的層級結構**，依序填入圖表當中。

此時先不必在意圖表外觀好不好看，把內容寫出來就好。

3. 圖表加工修飾：約五分鐘

初步完成記憶樹筆記後，接著透過修飾，來強化圖表外觀。我建議**把圖表中央的主題與相應連結的主幹，都描繪得粗一點；至於距離主題較遠的枝節，則用比較細的線條呈現。**不同的各節重點，**可用不同的顏色來做區分，**還可加入插圖或表格等內容來幫助理解。至此記憶樹筆記就算完成。

常有人會誤會，認為記憶樹筆記法是用來幫助記憶的工具，但它真正的功能，其實是在幫助我們做系統性的理解。雖然把讀過的內容整理成記憶樹筆記後，也無法馬上完全背下來，但好好保存這份筆記，不斷拿來重複讀，就能在我們腦海中，加深整體樣貌與層級架構的印象。

另外，因為記憶樹筆記是依照自己的邏輯與架構描繪出來，所以一定要親手製作，只看別人做的筆記，就完全沒有意義。

4 背不起來的，整理成小抄隨手記

大家都知道考試不能作弊，但如果能作弊，你會用什麼方式幫自己通過考試——偷看隔壁考生的答案？帶教科書進考場翻閱？拿手機邊查邊寫？我們從小到大聽過各式各樣的作弊方式，最常見的應該就是帶小抄吧？

但考試的範圍這麼大，怎麼可能全寫進小抄裡？所以最有效率的方法，就是把**到最後一刻都還背不起來**，**但是又非常可能會出現在考題上的內容**做成小抄、考試當天帶著讀。這就是以下我要介紹的「小抄學習法」的主要概念，是我從考試作弊用的小抄改良而來的學習方法。

製作小抄，也是一種學習法

就像前面提到，會寫在小抄上的，主要是到最後一刻都還背不起來，但又非常可能會出現在考題上的內容。而觀察哪些內容符合這些條件，是小抄學習法最重要的步驟。因為同時符合這兩項條件的，正是**應考的弱點所在**。

把這些弱點都找出來後，整理到同一張紙上，就是幫助我們準備考試的小抄。小抄不一定要用文字來表達，只要能幫助記憶，就算運用圖表、關鍵字等，各種形式都可以；又因為小抄的篇幅有限，所有非必要的資訊可直接省略。

這樣一來，這張紙上記滿自己在考試範圍內，所有不熟、掌握度不高的內容，可直接當成應考前的弱點筆記。

但還是要再次強調，實際考試時，絕對不能作弊喔！

圖表 2-4　小抄學習法的實際應用

製作小抄的訣竅

- ☐ 篩選自己不擅長的內容。
- ☐ 篩選考題常出現的內容。
- ☐ 製作出只靠一張紙的內容，就能順利通過考試的小抄。
- ☐ 把內容濃縮在一張紙以內。

小抄在應考時的妙用

- ☐ 利用考試的休息時間，再次複習自己統整的筆記精華（小抄）。
- ☐ 減輕上考場時，攜帶物品的負擔。

把重點整合在一張紙上

其實小抄學習法，就是把內容整理到一張紙上。重點是把課本上長達好幾頁的篇幅，透過閱讀、消化、理解的方式去蕪存菁，把這些內容濃縮成重點精華，幫助我們掌握考試的整體架構（參考圖表2-4）。

不論是模擬考或正式考試前，重複讀這張紙並補強弱點，都可獲得極大的效益。額外要提醒的是，做好一堆小抄，卻沒有分門別類的歸檔收納，就會違反前面說的集中整理的法則，所以記得依照小抄的內容，歸檔到相關章節的活頁夾中，確實做到統一集中整理。

像這樣整理成一頁的學習筆記，重點在於把自己不擅長、考題常出現的內容整理在一起，請大家務必嘗試看看。

5 把目錄印下來壓在桌墊下

每一本教科書、課本都一定有目錄，但大家好像都不太重視它。

其實目錄具有讓我們快速掌握考試整體範圍的神奇魔力，有助於了解章節安排、層級架構、教材的總頁數等。

目錄的使用方法，並不是把它背下來，且就算背下來，對考試的幫助也很有限。善用目錄最好的方式，是**把它影印下來，貼在書桌前或壓在透明桌墊底下，時時提醒自己**，讓自己無論在上課聽講或複習課本時，可確認自己在讀考試範圍內的哪個位置（參考第九十一頁圖表2-5）。

雖然把目錄貼在書桌前或壓在透明桌墊底下，違反前面提到的統一集中整理的原則。但目錄的功能在於指引方向，避免陷入學習的迷路狀態，不知道自己讀到哪。目錄就像是登山的地圖，可避免在準備考試時迷失方向。

有些書籍的目錄可能不只一頁，所以在影印時，可以多花一點心思，用縮小影印的方式把目錄印在同一張紙上，就更方便隨時確認。

理解層級結構

為什麼我說目錄是準備考試的指引？因為目錄可幫助我們快速掌握考科的整體樣貌，以及理解層級架構。

層級架構是指書中如何安排章節，像是「章↓節↓（1）↓A」等。市面上多數的課本或教科書，會依照層級架構，例如章與章、節與節，編排相同層級的內容，因此**觀察目錄，有助於找出各章或各節之間的關聯或差異**。

圖表 2-5　善用目錄避免無效學習

目錄
影印目錄
目錄
讓自己在學習過程中，
能隨時看見目錄
能掌握自己的
學習狀況
與學習內容。

如果掌握層級架構，就能防止在學習的過程中找不到方向。若讀書時，不知道自己在層級架構中的哪一層，學到的知識就只是一堆零散的片段，導致考試時，會看著考題產生疑惑：「咦？這一題到底在考哪個部分？」

確實理解目錄的層級架構，就好像在熟悉的環境中，想找某樣東西時能馬上找到，避免在答題時，寫出文不對題的答案。

6 課本不要乾淨，要加點汙漬

大家在準備考試時用的教材或課本上，應該多多少少都有一些痕跡，有可能是用螢光筆劃的重點、老師在上課時要求寫下來的筆記。在這節，我想請你在課本或教材上，加入一點「汙漬」——不是打翻飲料、被雨淋溼等的痕跡，而是「學習性汙漬」。

我指的學習性汙漬，是指在上課或複習時，將當下聯想到的事物，或練習考題時注意到的事，一一記錄下來的內容。寫下這些，就能打造出世界上專屬於自己的教材。只要能幫助我們理解參考書的內容、加強記憶，都請盡量寫下來。

用○×標記，加速直覺理解

而我現在要介紹一個與留下學習性汙漬有關、能輔助閱讀的讀書法——「○×標記學習法」，做法是當書中的內容，提及「……某某情況下，某某狀況會成立」或「……某某情況下，某某狀況不成立」時，**依照內容是正面或負面論述，分別在該段文字旁標記○或×的符號**（參考下頁圖表2-6）。

因為人類的大腦在判讀圖像時，比文字來得更快（就像許多馬路上的標誌，不是用文字表達，而是以圖形呈現），所以在書上標記符號，可以加速判讀、幫助理解。除了○和×之外，你也可依照自己的習慣，制定各種符號的使用規則。例如我會在「但是」等，表示轉折關係的連接詞旁，加上△標記；或在「……某某情況下」的條件句頭跟尾，註記〈〉等。

圖表 2-6　○ × 標記學習法的做法

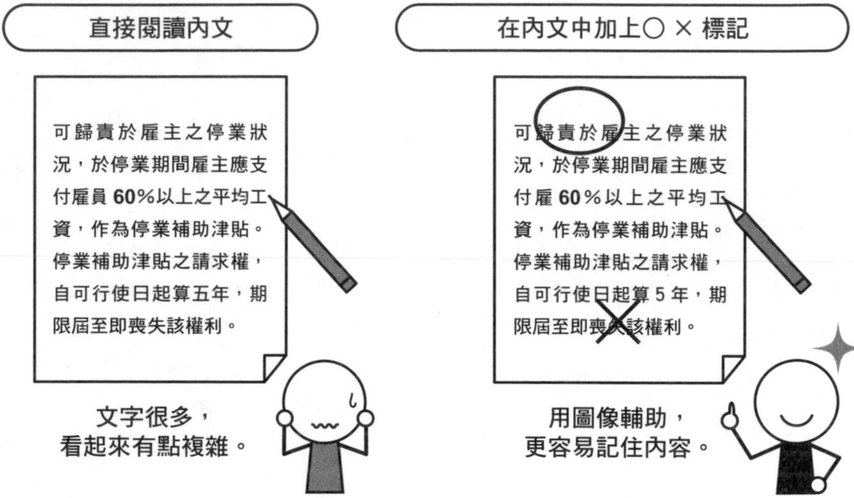
直接閱讀內文
可歸責於雇主之停業狀況，於停業期間雇主應支付雇員 60%以上之平均工資，作為停業補助津貼。停業補助津貼之請求權，自可行使日起算五年，期限屆至即喪失該權利。
文字很多，
看起來有點複雜。
在內文中加上○ × 標記
可歸責於雇主之停業狀況，於停業期間雇主應支付雇 60%以上之平均工資，作為停業補助津貼。停業補助津貼之請求權，自可行使日起算 5 年，期限屆至即喪失該權利。
用圖像輔助，
更容易記住內容。

▼○ × 標記學習法的實例。

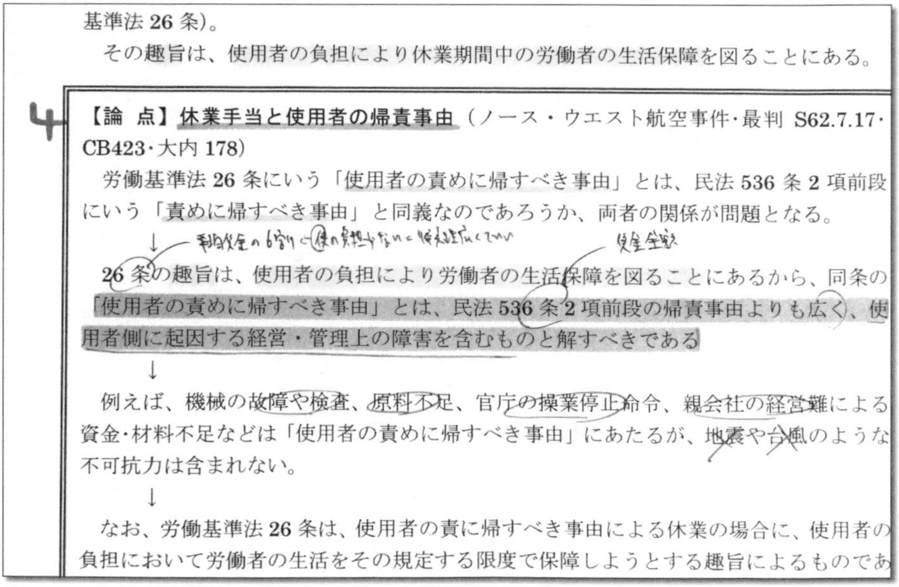

基準法 26 条)。

その趣旨は、使用者の負担により休業期間中の労働者の生活保障を図ることにある。

【論 点】休業手当と使用者の帰責事由（ノース・ウエスト航空事件・最判 S62.7.17・CB423・大内 178）

労働基準法 26 条にいう「使用者の責めに帰すべき事由」とは、民法 536 条 2 項前段にいう「責めに帰すべき事由」と同義なのであろうか、両者の関係が問題となる。

↓

26 条の趣旨は、使用者の負担により労働者の生活保障を図ることにあるから、同条の「使用者の責めに帰すべき事由」とは、民法 536 条 2 項前段の帰責事由よりも広く、使用者側に起因する経営・管理上の障害を含むものと解すべきである

↓

例えば、機械の故障や検査、原料不足、官庁の操業停止命令、親会社の経営難による資金・材料不足などは「使用者の責めに帰すべき事由」にあたるが、地震や台風のような不可抗力は含まれない。

↓

なお、労働基準法 26 条は、使用者の責に帰すべき事由による休業の場合に、使用者の負担において労働者の生活をその規定する限度で保障しようとする趣旨によるものであ

7 著色學習法，有助於歸納

把參考書中的內容整理成表格，可更有效率的加深記憶。若書看過去是一片字海，就很難一眼分辨出內容的相同與相異之處。

有些教材可能會放上整理好的表格，有助於理解與記憶；但如果沒有，我們可以找出相同與相異的地方後，自己動手製作表格。利用表格的橫軸與縱軸，就能整理出特定主題的相同之處，並篩選、刪除不重要的資訊，藉此提高學習效率。如果會使用 Excel，也可以直接用 Excel 做表格，做出來的表格不僅整齊又漂亮，日後要修改也不麻煩。

用顏色來加深印象

不過，有時就算把書中的內容整理成表格，看過去仍是密密麻麻的一堆字，很難單靠表格背起來。這時，**要靠著色學習法輔助記憶**。

著色學習法的做法是，在相同的地方塗上一樣的顏色，如此一來，一眼就能分辨相同或相異之處（參考左頁圖表2-7）。

雖然著色的工具有很多，例如螢光筆也能用來著色，但用螢光筆上色後就無法修改，所以我比較推薦**用色鉛筆**，就算塗錯也能用橡皮擦修改，顏色深淺也能靠運筆的力道來調整，相當方便。

許多考生在準備考試時，只用一支自動鉛筆來學習與閱讀。但除了著色學習法之外，自己制定運用顏色的規則，也可以提升學習效率。

例如用顏色來區分科目：紅色代表國文、藍色代表數學、黃色代表化學等。決定好各科使用的顏色規則後，同樣科目的資料或筆記，都使用專屬顏

圖表 2-7　著色學習法

表格未上色

對比的制度	制度 1	制度 2	制度 3
成立	A	B	A
目的	B	D	D
項目 1	C	A	B
項目 2	A	A	C
項目 3	B	B	B
原則	C	B	A
例外 X	C	A	A
例外 Y	A	C	A
補充	B	B	C

密密麻麻，好像有
很多內容要背。

表格內容用著色學習法來歸納整理

對比的制度	制度 1	制度 2	制度 3
成立	A	B	A
目的	B	D	D
項目 1	C	A	B
項目 2	A	A	C
項目 3	B	B	B
原則	C	B	A
例外 X	C	A	A
例外 Y	A	C	A
補充	B	B	C

快速掌握共通點，
讓記憶更有效率。

色的資料夾或筆記本，以節省尋找資料的時間，還能搭配本書介紹的手機應用程式來輔助學習（參考第一八五頁），以顏色來管理各科的學習進度。

在整理筆記時，也不一定全用黑筆來寫，而是依照筆記內容決定墨水的顏色，像「某個顏色代表重點整理」等，讓筆記的顏色成為喚醒我們記憶的線索。

第 3 章

文具也有隱形的戰力

1 應對選擇題的快速學習法：橘色筆

考試的題型分別有選擇題、簡答題與申論題等，針對不同的題型，也必須調整應考策略。

在眾多考試類型中，我們最熟悉也最常見的考試方式，就是方便電腦閱卷的選擇題。由於寫選擇題時，只要挑出正確答案就好，不必寫下文字敘述或數學算式，換句話說只要能判斷考題選項的對錯，就能拿到分數。

我就十分擅長這種以選擇題為主的考試，而且在準備這類型考試時，我一定會用橘色的原子筆在題庫上加工，把考題的解題說明摘要整理後，補充在題目旁。

一般考生寫選擇題的題目時，習慣作答後再拿解題說明出來對答案、參考。但把題目與答案分開，違反我一再強調的「統一集中整理」。

相較之下我認為更有效率的做法是，像下頁圖表3-1的範例，把解題說明的摘要整理在考題旁邊，等日後複習時，就能馬上知道考題的重點。

為什麼用橘色？

還記得前面說過的快速重複讀嗎？當第一次寫題庫時，把解題說明的摘要補充在考題旁，之後複習就不必再額外花時間去翻閱冗長的解題說明，達到快速重複讀的目的。

至於為什麼要使用橘筆？因為橘筆與市售的紅色隱形墊板（紅色半透明墊板）搭配使用，會產生隱藏字跡的效果。這麼一來複習題庫時，不會一眼

圖表 3-1　用橘筆加工的實際範例

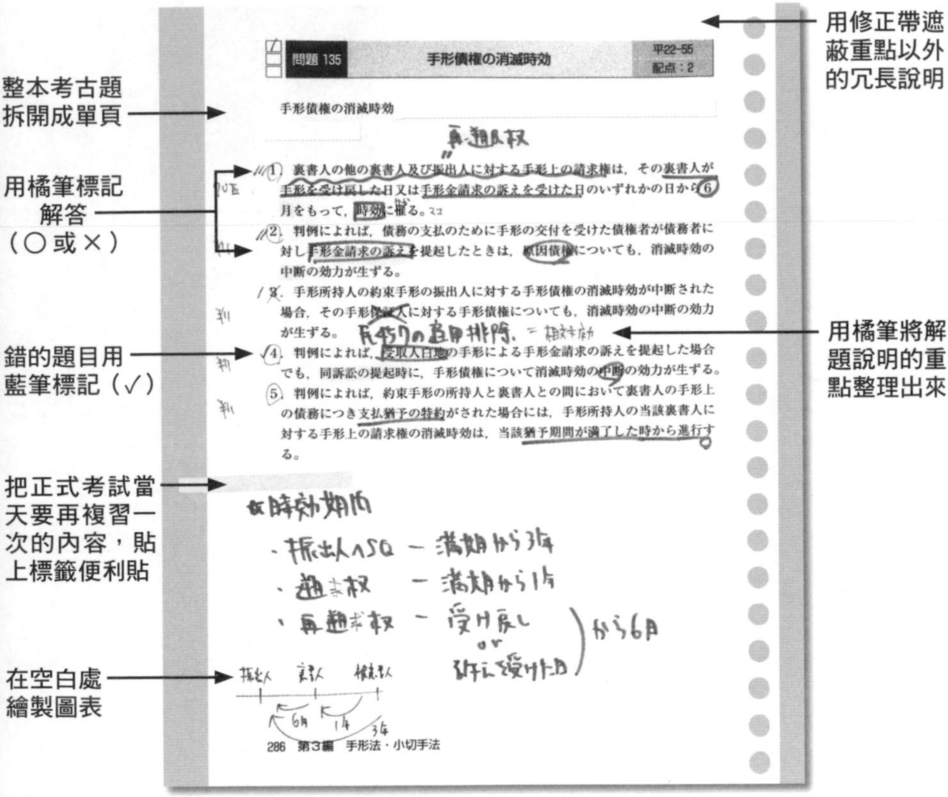

就看到答案或解題摘要，而這靠黑筆無法做到。

換句話說，只要蓋上墊板，題庫就變成拿來練習的輸出型教材；移開墊板，註記了解題摘要的題庫，就是輸入型教材，我們就能藉由閱讀，理解題目中正確與錯誤的敘述。

考試是考對考科內容的理解，而不是考默寫全篇課文，所以在正式考試前，只要複習自己用橘筆整理過的重點，就能更精準的面對考題與選項。

2 我手中隨時有五色螢光筆

幾乎所有考生在準備考試時，會使用螢光筆來劃重點，但每個人實際的應用方式都不太一樣，大家是怎麼使用螢光筆來輔助學習？

如果能建立一套專屬於自己的螢光筆使用規則，就能讓整本白紙黑字的枯燥課本或瑣碎教材，變成條理分明、重點清晰的考試利器。接下來就跟大家分享，我認為相當有效的螢光筆學習法。

首先關於使用哪些顏色的螢光筆，我建議選擇五種顏色，分別搭配不同的目的使用。例如用黃色標示重點、用綠色標示須背誦的內容、用藍色標示比較的敘述、用橘色標示章節的標題、用紅色標示練習題。

因為黃色與綠色比較醒目，所以我會用來標示重要內容；當內容出現「以A的情況來說……」和「以B的情況來說……」，關於比較的敘述，我會用藍色螢光筆劃底線。另外關於舉例說明，我也會用藍色螢光筆標記；橘色則是用來標示章節的標題，像是「第幾章」或「（1）……」等，避免在學習時迷路。只要跟著橘色螢光筆的標記，就能確認正在閱讀考試內容的哪個部分；而紅色則用來標記練習題，有助於一眼找到題目來練習（參考下頁圖表3-2）。

螢光筆的使用祕訣

像前面所說，制定使用螢光筆顏色的規則後，就能利用這套邏輯，快速掌握教材的內容。而且螢光筆除了可以用寬的筆頭在字上劃重點，還能改變

圖表 3-2　使用螢光筆的範例

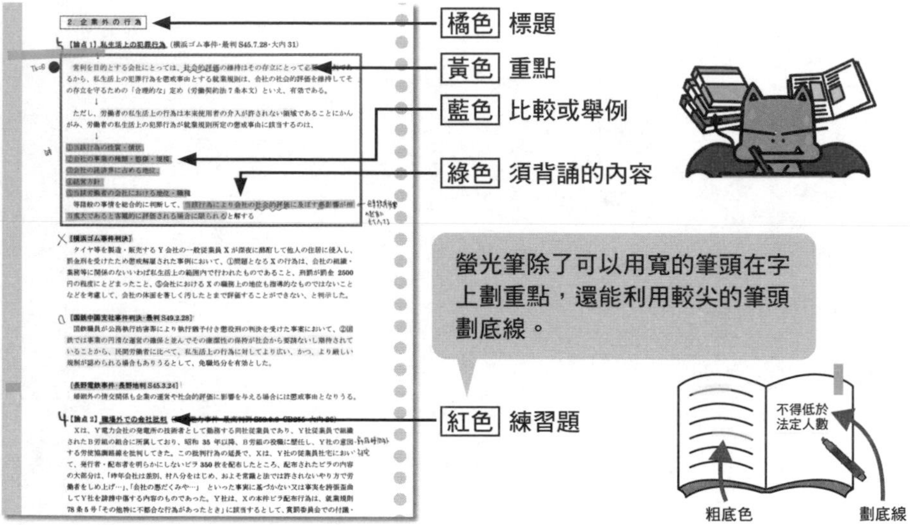
橘色 標題
黃色 重點
藍色 比較或舉例
綠色 須背誦的內容
紅色 練習題
螢光筆除了可以用寬的筆頭在字上劃重點，還能利用較尖的筆頭劃底線。
不得低於法定人數
粗底色
劃底線

筆的方向，利用較尖的筆頭劃底線。如此一來，每一種顏色都能依照劃線方式，制定出兩種以上的規則。此外，建議使用螢光筆時，搭配直尺來輔助，不只能讓線條筆直漂亮，劃線的速度也會更快。

不過，雖然螢光筆的好處很多，但是也不要過度濫用、整篇都塗滿螢光筆。只在自己認為真正重要的地方劃線就好，若塗得到處都是，反而無法辨識重點在哪。

總而言之，使用螢光筆的關鍵在於，制定出專屬於自己的顏色規則、篩選出須強調的重點，藉此快速掌握考科的整體內容。

3 多用藍筆，而且用可修正的擦擦筆

大家平常在讀書時，會使用什麼顏色的筆來書寫？我會使用藍筆，而且是可修正的藍色擦擦筆。為什麼不是使用黑筆，而是藍筆？又為什麼不是使用自動鉛筆，而是原子筆？

大概是因為我曾聽過一種說法：「**人類在看見藍色時，會比較冷靜，專注力也比較高**；相對的，在看見紅色時，則會變得活潑、熱情。」可能是被這種說法影響，所以我準備考試時會使用藍筆，甚至日常的書寫、筆記，也都是用藍筆來完成。

用四色筆寫筆記

就像前一節介紹的螢光筆使用方式，我對於不同顏色的原子筆，也有一套自己的使用規則。以下分享我依照不同顏色，制定的用筆方式：

首先，無論是在參考書的空白處補充筆記，或在題庫本上寫解題過程，我通常會使用藍色原子筆；至於重點則用紅筆書寫，例如老師上課時特別強調的內容、自己容易出錯的地方，我會用醒目的紅筆提醒自己注意；黑筆只有在寫考卷時才會拿出來使用，其他時間幾乎不會用黑筆來書寫。以上這三種顏色，都是大家常使用的顏色。

而我還很常用第四種顏色——綠色。我通常會用綠筆來記錄老師上課時的閒聊內容，或是自己在課堂當下想到的事。這些看似沒有價值又瑣碎的內容，也有記錄的必要，因為它們能夠幫助我們回想起課堂上的記憶（參考下頁圖表3-3）。

圖表 3-3　用 4 色原子筆製作個人專屬的筆記

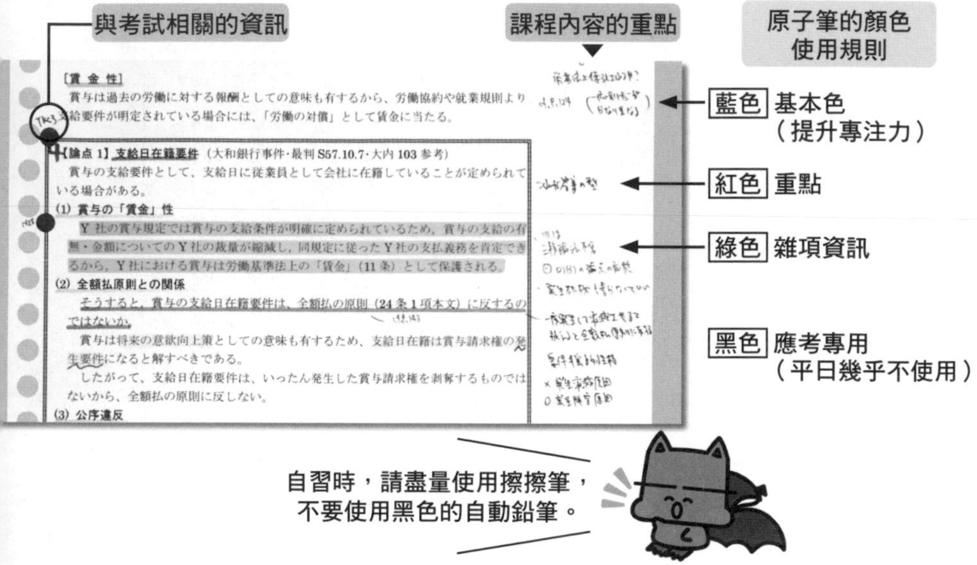

寫筆記的訣竅

決定好原子筆的顏色規則後，就要在上課時確實做好筆記。在此跟大家分享兩個寫筆記的訣竅：

第一，所有課程內容都要鉅細靡遺的記下來。不是只有寫下老師提醒或強調非常重要的部分，包括老師上課時的舉例、閒聊，甚至笑話等，都可記下來（像我是用綠筆記錄）。只要上課時認真做筆記，日後複習時，在書本上看到這些寫下來的內容，都能喚醒上課的記憶與情境，老師講的內容也會瞬間回到腦海裡。

第二，關於寫筆記的位置，也要制定一些規則。基本上，可將課本或教材的空白處分成左右兩邊，左邊專門記錄與考試相關的補充資訊，右邊則記錄課程內容的重點。

與考試相關的補充資訊，是指老師在上課時，特別強調某些內容很容易出現在考題中、以前曾考過等，或有時候老師會給予特定內容重要度的評分星等。安排好左右邊分別要記錄哪些內容，就能更直覺的閱讀筆記。

準備考試時，自己複習的時間遠比上課時間來得更長，也更重要，所以一定要用能幫自己有效率學習的方式寫筆記。

4 用紅色墊板隱藏解題摘要

使用紅色隱形墊板來讀書，已經是大眾行之有年的方法，可見它確實是一個能有效幫助學習的工具。

把半透明的紅色墊板蓋在課本或教材上，用橘筆寫的字會被隱藏起來，而用深綠色螢光筆劃線的地方則會變黑。就像前面介紹過，用橘筆在題庫的空白處寫下解題摘要，搭配紅色隱形墊板來使用，就是一種讀書方法。

為什麼紅色隱形墊板能提升讀書效率？

為什麼使用紅色隱形墊板，能提升讀書效率？因為輸出型學習對於準備考試來說，是最有效的方法，而只要使用紅色隱形墊板，就能輕鬆把手邊的參考書變成輸出型教材。

想把書中的內容記下來，如果只靠閱讀，成效相當有限；但先用橘筆在題庫的空白處寫下解題摘要，或用深綠色螢光筆劃重點，接著蓋上紅色隱形墊板，這些文字便會隱藏起來，就能藉此考自己記不記得內容，把輸入型學習轉換成輸出型學習（參考下頁圖表3-4）。

用紅色隱形墊板遮住重點時，不只在腦中思考，而是**把腦海中的答案，實際動手在筆記本的空白處再寫一次**，可以讓記憶變得更加深刻。

使用紅色隱形墊板的好處有很多，但也有幾點要注意：

第一，先確認考試的題型為何，再判斷是否適合用紅色隱形墊板學習。

圖表 3-4　紅色隱形墊板的使用範例

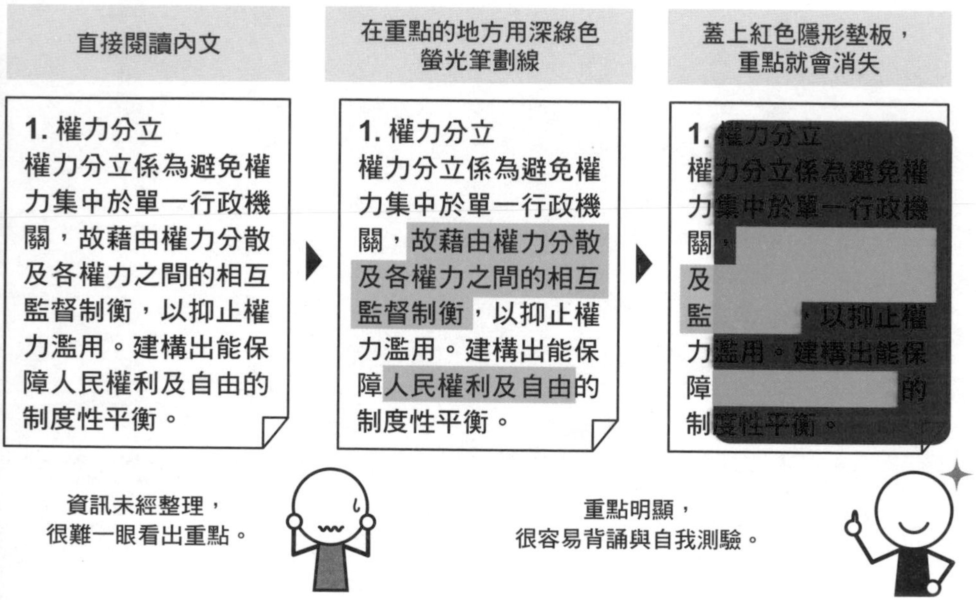
直接閱讀內文
1. 權力分立
權力分立係為避免權力集中於單一行政機關，故藉由權力分散及各權力之間的相互監督制衡，以抑止權力濫用。建構出能保障人民權利及自由的制度性平衡。
資訊未經整理，
很難一眼看出重點。
在重點的地方用深綠色
螢光筆劃線
1. 權力分立
權力分立係為避免權力集中於單一行政機關，故藉由權力分散及各權力之間的相互監督制衡，以抑止權力濫用。建構出能保障人民權利及自由的制度性平衡。
蓋上紅色隱形墊板，
重點就會消失
重點明顯，
很容易背誦與自我測驗。

這套學習法是透過遮蔽答案、解題說明等，讓我們在複習時，能隨時考自己、增加印象，因此對於選擇題、填充題等答案較單純的考試題型，可獲得較大的效益；但如果不是這幾種考試題型，用紅色隱形墊板學習反而會讓讀書的過程繞遠路，請務必小心。

第二，如果長時間或過度使用紅色隱形墊板，可能會造成眼睛不適。我會用橘筆註記重點及解題說明，再用紅色隱形墊板遮蔽答案來練習解題。但長時間盯著紅色、橘色等鮮豔的顏色，由於對視覺的刺激較大，看久了眼睛會感到不太舒服。所以請留意不要過度使用紅色隱形墊板。

5 單字卡，不只能拿來背單字

單字卡是一種常見的學習輔助工具，但效果十分顯著，只要在卡片正面寫上問題，卡片背面填上解答即可。而單字卡真正厲害的地方，在於能讓我們輕鬆做到輸出型學習，且背誦重點的成效非凡。

之所以叫單字卡，是因為它最基本的使用方式就是拿來背單字，我們可在卡片正面寫好英文單字，在卡片背面則填上單字的解釋。但單字卡並不是只有這個功能，所有考試都能利用單字卡來學習：

所有考試都能利用單字卡學習

首先，寫在單字卡上的內容，一定是考試必背的重點精華。即使做了一大堆單字卡，你也不可能把不重要的內容全部背下來，因此上面的內容一定要精心挑選。

再者，請**每一考科準備一組單字卡就好**。如果同一考科有多組單字卡，光是看到這麼多內容就讓人提不起勁；只有一組單字卡，就會讓人燃起鬥志，激發出「只要把這組單字卡背起來，就能順利通過考試」的動力。為了讓同一考科的內容都集合在同一組單字卡中，我通常會買兩盒（一盒約一百張）單字卡，再把這兩盒合在一起，製作成一組來使用。

最後，製作單字卡時，也要加入顏色和圖形。因為只有文字的話，不利於大腦記憶，所以製作單字卡時，可用螢光筆劃線、在文字旁加上圓形或正方形等圖案，以加強記憶（參考下頁圖表3-5）。

圖表 3-5　單字卡的製作方法

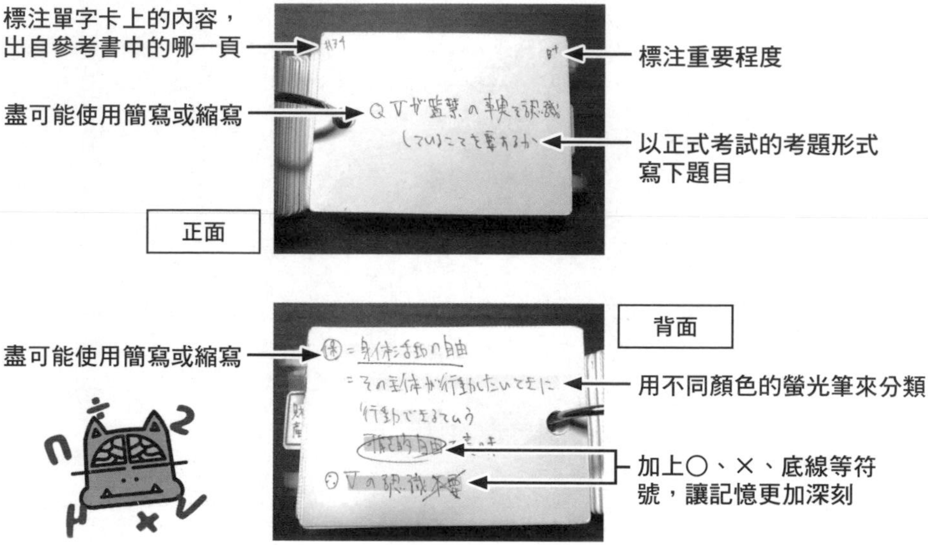
標注單字卡上的內容，出自參考書中的哪一頁
標注重要程度
盡可能使用簡寫或縮寫
以正式考試的考題形式寫下題目
正面
背面
盡可能使用簡寫或縮寫
用不同顏色的螢光筆來分類
加上〇、×、底線等符號，讓記憶更加深刻

單字卡的使用方式

我在做好單字卡後，會十分珍惜的使用，並相信只要將上面寫的內容都背下來，就能順利通過考試，所以不會隨意丟棄。

因為卡片的尺寸通常能一手掌握、方便攜帶，所以你可以在生活中的零碎時間，隨時把單字卡拿出來看。把單字卡放在口袋裡，不論通學、通勤，或吃飯、看病時等待的空檔，都能隨時隨地拿出來複習。

當你在單字卡的正面寫上問題、背面寫上解答，這時使用方式通常是先看卡片正面的問題↓自己在腦海中思考解答↓再翻開背面確認答案，但也可依照需求調整成：看卡片正面的問題↓不思考答案↓直接翻開卡片背面看答案，雖然這麼做比較偏向輸入型學習法，但對於加深記憶也有幫助。

此外，也可**邊移動、邊使用單字卡來學習**（我稱之為「走路學習法」），這時可以**朗讀單字卡**。因為據說人在運動或走路移動時，由於體內的血液循環加速，因此能強化大腦記憶。下次不妨一邊走路，一邊朗讀單字卡，只要重複個幾十次、幾百次，就一定能將考試內容烙印在大腦中。

6 不懂的先用標籤貼標注，然後跳過

許多考生會使用便利貼來輔助學習，而每個人的使用習慣都各有不同，只要能掌握自己的使用邏輯，就是好的方法。但如果你對此沒什麼概念，不妨參考一下我的使用方式。

一般市售的便利貼大致可分為兩類：第一種便利貼的尺寸較大，可在上面書寫較多字（參考第一二六頁下方的照片），我稱之為「一般型便利貼」；另一種則是長條標籤狀，較難在上面寫許多字，材質又分為無法書寫的塑膠半透明款，與能書寫的紙質款，這種便利貼我稱為「標籤便利貼」。

以下，我會分別介紹一般型便利貼與標籤便利貼的使用方式。

一般型與標籤便利貼的使用方式

一般型便利貼主要是用來記錄當天要記誦的內容。例如今天在模擬考中寫錯題目，而為了能確實把相關內容背下來，你可以將內容整理成表格，並寫在便利貼上、貼在書桌前，只要抬頭就會看見，藉以加深印象。等到晚上睡覺前，再把便利貼撕下來貼在筆記本上，日後在複習相同的考試範圍時，就能提醒自己要特別留意。

像這樣整理出自己的弱點筆記後，正式考試前，只要複習這些內容，就能避免自己再次犯錯，拿回應得的分數。

而我在使用標籤便利貼時，會透過不同的顏色，來區分不同目的（參考下頁圖表3-6）。

圖表 3-6　標籤便利貼的使用方式

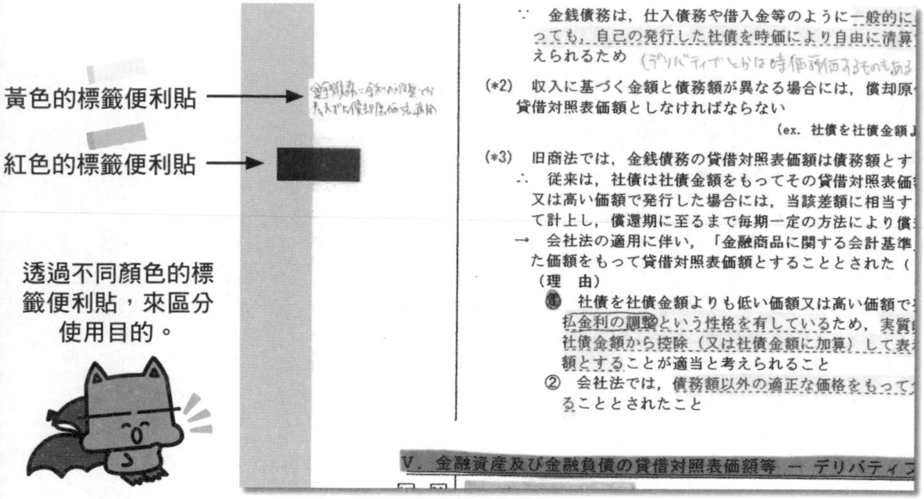

第一種是**黃色的標籤便利貼，代表正式考試之前（考試當天）必讀的內容**。雖然我認為理解比死背更重要，但在準備考試的過程中，難免還是會遇到怎麼讀都讀不通、無法用邏輯來推論與理解的內容，此時還是只能靠硬背。黃色標籤標注的，就是考試前一定要想辦法背起來的重點。也可用手機把貼上黃色標籤的頁面拍下來，在考試當天的休息時間臨時抱佛腳，以減輕上考場要帶的物品負擔。

第二種則是**紅色的標籤便利貼，代表雖然已經讀過，但還是無法理解的地方**。我在本書前面曾提過，讀書時，如果有看到不懂的地方就先跳過，不要在同一個地方執著太久，盡可能大量且快速的重複讀。而紅色標籤就是用來標注不懂先跳過的地方，等哪天忽然開竅懂了，就能把紅色標籤撕下來。

最後提醒大家，對紅色標籤不必太過執著。就算我通過了各種困難的考試，但我常到考試當天，書上還留著一大堆紅色的標籤便利貼。不懂的地方先用紅色標籤標注，然後繼續往下讀，就可避免因為完美主義作祟，而讓自己在讀書時卡關。

7 壁讀學習法：把考試重點貼滿牆

不是只有坐在書桌前讀課本才能準備考試，像是前面介紹過隨身攜帶單字卡，活用通勤時間來背誦，也是一種學習方式。此外，也可以善用空間來讀書。

在本節，我要介紹一個能充分利用生活空間的讀書方式，我把它命名為「壁讀學習法」。這個方法的做法是，在家裡每一面可拿來運用的牆面，都貼滿與考試相關的摘要或筆記。這麼一來，無論在任何空間停留或經過，都能看見牆面上標示的考試重點，這麼做除了可以不斷加深印象，或許哪天靈光一閃，原本不能理解的內容也會豁然開朗。

把考試重點貼滿牆面

以我過去準備考試為例，當時不只是書房，甚至連廁所、樓梯及浴缸旁等共用空間，都被我貼滿考試的重點摘要或筆記（參考下頁圖表3-7）。雖然難免會影響到同住的家人，但這也是個機會，讓你向家人展現自己面對考試的決心。

壁讀學習法的關鍵在於，把自己**無論如何都背不起來或不熟悉的考試重點、圖表內容等，用較粗的簽字筆、以大字寫在活頁紙或便利貼上，再貼到自家牆面上**。

由於你不必每天細讀這些內容，只是用來提醒及加深印象，所以只要寫出重點，並寫得大一點，讓你一眼能看清楚即可。

圖表 3-7　家中每個角落都能執行壁讀學習法

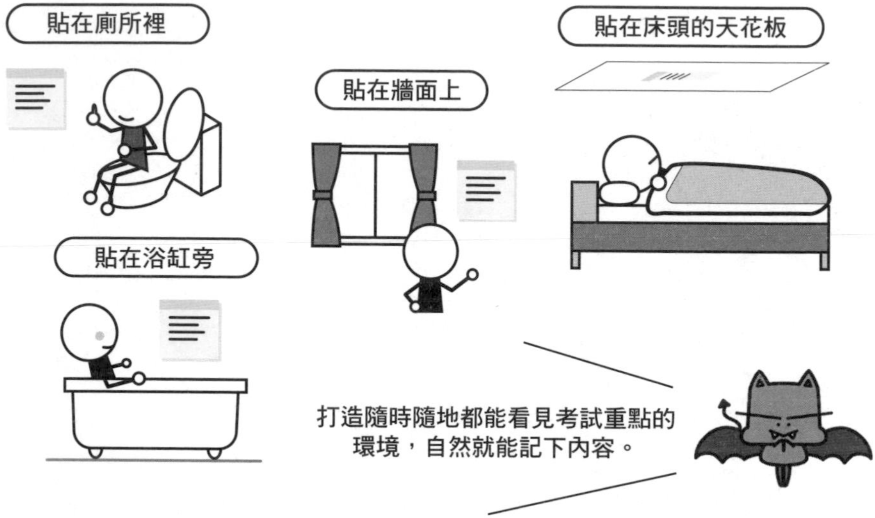
貼在廁所裡
貼在床頭的天花板
貼在牆面上
貼在浴缸旁
打造隨時隨地都能看見考試重點的
環境，自然就能記下內容。

▼使用壁讀學習法的範例。

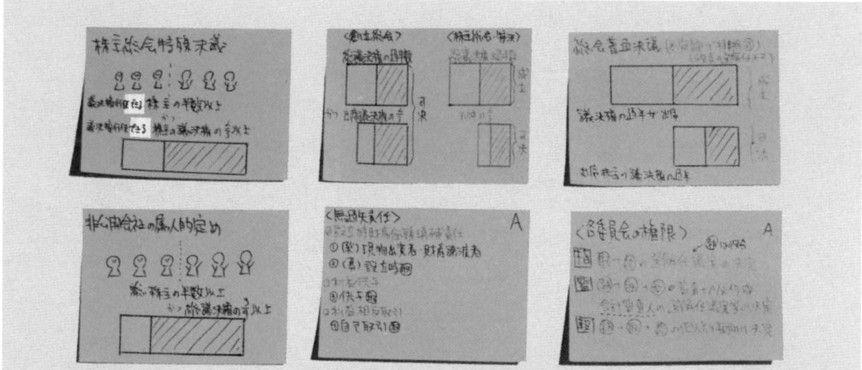

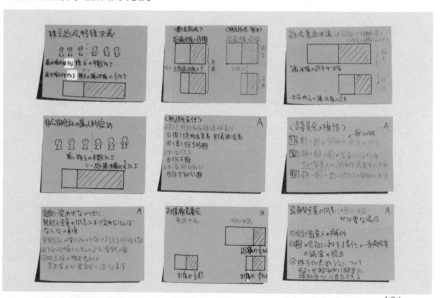

8 譜架能改善閱讀姿勢，降低身體負擔

本章介紹了各種有助於學習的文具。在本節，我想分享我非常推薦，但有點另類的讀書小道具——桌上型譜架。沒錯，就是演奏樂器時，演奏者面前用來擺放樂譜的架子。不過我推薦的款式，是能放在桌面上的小型譜架，而不是大型的站立式譜架。

桌上型譜架到底有什麼用處？首先是能預防肩頸痠痛。大家有沒有發現，自己因為久坐讀書，產生腰痛或肩頸痠痛等不適症狀了？

長時間維持低頭看書的姿勢，其實對頸部與肩頸會帶來很大的壓力與負

擔，只要時間一久，就有可能造成肩頸痠痛或腰痛。只要使用桌上型譜架閱讀，就可以改變視線的高度，進而調整低頭的姿勢，就算長時間的閱讀與準備考試，也能減輕姿勢造成的身體負擔。

再者，用桌上型譜架閱讀，能讓桌面變得乾淨。當桌上擺滿各種物品，例如課本、筆記本、鉛筆盒、水杯或飲料、衛生紙等，就很容易因為這些雜物分心。有一種說法是「桌面上物品散亂的狀態＝腦內知識散亂的狀態」，但只要使用桌上型譜架把課本架高，就能讓視線範圍內變得乾淨清爽，增加讀書時的專注力（參考左頁圖表3-8）。

雖然在寫字或抄筆記時，桌上型譜架可能派不上用場，但若只是單純閱讀的情況，譜架可用來改善閱讀姿勢、避免桌上的雜物映入眼簾。

此外，桌上型譜架可用來搭配本書介紹的各種讀書方法一起使用，例如前面提過把課本拆開來，放在譜架上就能輕鬆翻頁、方便閱讀，不像讀整本書，要用手壓住或使用頁面固定器，才能停在同一頁。

圖表 3-8 使用桌上型譜架的學習效果

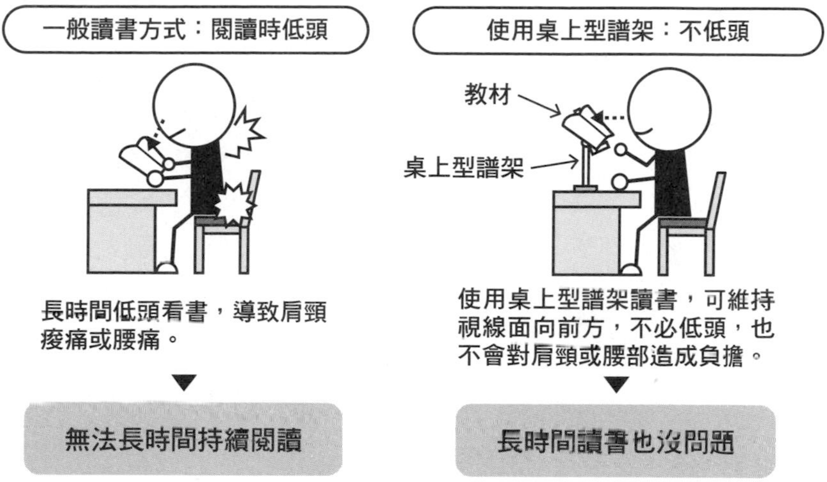
一般讀書方式：閱讀時低頭
使用桌上型譜架：不低頭
教材
桌上型譜架
長時間低頭看書，導致肩頸痠痛或腰痛。
使用桌上型譜架讀書，可維持視線面向前方，不必低頭，也不會對肩頸或腰部造成負擔。
無法長時間持續閱讀
長時間讀書也沒問題

此外也能和強制速讀法（1P1M學習法）一起使用。因為強制速讀法是以一頁一分鐘的速度來閱讀，過程中幾乎不須動筆寫字，所以只要將書放在譜架上，就能輕鬆的以一分鐘為單位，快速翻頁、持續閱讀，提升學習效率。

由於不是常見的讀書方式，有些人使用桌上型譜架時，可能會在意別人的眼光，但這個工具的優點很多，大家有機會一定要嘗試看看。

第4章

不硬背死記，也不會忘記

1 記憶就是理解加上重複

加強記憶的方法非常多，本章中精選幾種我試過，且認為有效的方法介紹給大家。但介紹這些方法前，要先幫大家建立一個正確的觀念，那就是：不求甚解的死記硬背，有害無益。

這個觀念，我也是從補習班老師那裡學來的。一般人在準備考試時，就算有地方不理解，常會認為「總之，先硬背下來再說」。但考試不是記憶力比賽，不是比誰背的內容比較多，真正重要的是**確實理解，也就是經過自己消化理解後，能清楚向別人說明（＝解題時寫出來的答案）**。

或許在讀書時，難免還是有一些得想辦法背起來的內容，但請你記住，死記硬背對準備考試來說，幾乎毫無幫助。

若只靠背誦，硬逼自己把考試內容全記起來，但對於相關的原理、概念都不求甚解，一旦考題稍微改變提問方式，或換成另一種切入的方向，就會寫出錯誤或文不對題的答案，因為無法靈活運用硬記下來的內容。只有真正理解後，才能不論題型怎麼變化，都找出解題的關鍵（參考下頁圖表4-1）。

請大家立刻丟掉「讀書等於死背」的錯誤觀念。

記憶的本質：理解＋重複

如果不硬背，那要怎麼把考試內容記起來？以我長時間準備各種考試的經驗來看，我認為**記憶的本質就是「理解＋重複」**（我在這裡特別使用「記憶」這個詞，是為了與不求甚解的死記硬背做出區隔）。

圖表 4-1　用打棒球的概念來理解，死記硬背有害無益

只要對方投出與過往稍微有點不一樣的變化球，就會揮棒落空。

無論對方投出哪一種變化球，都能精準打擊（只求命中，不必非得打出全壘打）。

「理解」的意思是，能清楚知道某件事情的原理與概念，例如「為什麼會發展出這樣的制度」、「法規為什麼會這樣制定」，又如果以數學公式來舉例，與其死背某一條公式，還不如多花一點時間，去理解這條公式是如何推導出來的，對理解內容會更有幫助。

而「重複」就是字面上的意思。畢竟我們都不是過目不忘的天才，就算理解了某一件事，也得一而再、再而三的練習，經過幾十次、幾百次的重複閱讀，才能在大腦中留下深刻的印象。

總結來說，形成記憶的最理想狀態就是，在理解考試內容後，不斷重複輸入，最後看到相關的題目時可以瞬間說出答案。這樣一來，無論題目如何變化，都能從容應對、立刻找到解題的關鍵，順利通過考試。

2 什麼時候複習最有效？

複習時，多數人無法只讀一遍就過目不忘，須一而再、再而三的閱讀，才能在腦海中留下印象。那麼，複習到底要在什麼時候進行？又應該重複幾次才夠？

有關這些問題的解答，可以從遺忘曲線（Forgetting Curve）這項知名研究的結果中，找到線索：

十九世紀中期的心理學家赫爾曼．艾賓豪斯（Hermann Ebbinghaus）曾以人類的記憶作為研究主題，進行了一連串的相關實驗。首先，他要求參加實驗的受試者，記住一大串毫無意義的音節，接著隨時間的推移，檢視這些受試者還記得多少，並將結果以數據化的方式記錄下來。下頁圖表就是這項研究的結果，也就是遺忘曲線。

從這項研究結果中可發現，就算一開始能完整背下所有內容，但過了二十分鐘之後，大概會遺忘四二%，而一小時之後會遺忘五六%，一天之後會遺忘七四%的內容。

從艾賓豪斯的遺忘曲線研究中，可知道人類原本就是健忘的生物，大部分的人在一天後，就會忘記七四%以上，曾背誦或記憶過的內容。

有些人會對自己忘記參考書中的內容感到自責，「明明昨天才背過，為什麼今天就忘光了」、「同樣題目做這麼多次還會錯，我真是豬頭」、「我的記憶力也太差了吧！根本就是金魚腦」……但你大可不必說這些喪氣話，因為人類會忘記是很正常的，只能靠不斷複習以加深印象，讓自己不至於太快忘記。

圖表 4-2-1　艾賓豪斯的遺忘曲線

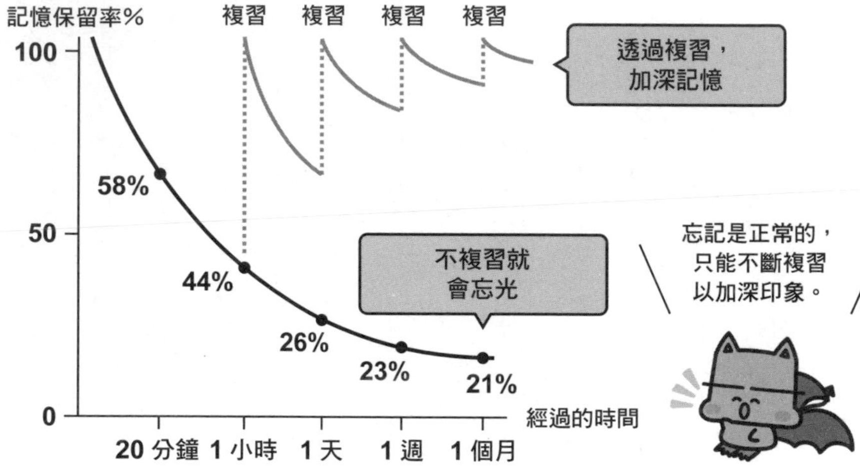

複習的最佳時間點

從艾賓豪斯對遺忘曲線的研究可以得知，人類的記憶力並不好，但他也發現，**只要確實的複習，就能提高記憶保留率**，讓記憶在大腦中多停留一段時間。也就是說，只要在適當的時間點，複習我們想記住的內容，就能延長記住的時間，但這個適當的時間點，究竟是什麼時候？

日本知名腦科學家池谷裕二出版過許多學習相關書籍，從他的著作中可發現前面這個問題的線索。在他寫的《人人都能成為天才的大腦機制與有科學根據的學習法》一書中，曾提到複習的最佳時間點，是「**一天後、三天後、七天後、二十一天後、四十九天後**」。也就是說**每隔一段時間複習一次，對大腦保留記憶的幫助最大**。

老實說，為什麼是這樣的間隔天數，我也不太明白其中的道理，但既然是日本知名的腦科學家提出來的理論，應該有相當的根據，我願意按照專家的方法試試看。而我在實際嘗試後，也發現這個間隔複習的方法相當有效，確實對加強記憶有幫助。

該如何複習？

知道該選擇在哪個時間點複習後，接下來我要說明的是如何複習。

以我的習慣來說，我每天會在行事曆中寫下當天的課程、完成的題庫範圍。然後每天早上一起床，我會先對照行事曆上的紀錄，找出前一天的學習內容並開始複習；接著再確認三天前的學習內容並開始複習；之後再確認七天前的學習紀錄並開始複習……以此類推，完成所有要複習的進度（參考左頁圖表）。

複習時間不必太長，只要根據行事曆寫下的範圍，快速翻閱相對應的參考書和題庫，確認學過的內容即可。我在準備考試時，會在每天早上像這樣先花一小時複習，接著才開始一整天的學習進度。一大早先從複習開始，能讓大腦的思路慢慢暖機、變得清晰，進而提升一整天的學習效率。大家也可以試試看這樣的讀書流程。

不只是艾賓豪斯的遺忘曲線或池谷裕二等專家學者（特別是科學研究人員）提出的理論或主張，只要是對考試有幫助的理論，我會選擇相信，並且拿來實際應用在準備考試中，因此在前段敘述裡，我才會說出「我願意照著

圖表 4-2-2 用行事曆推測出應該複習的時間

1 月

週一	週二	週三	週四	週五	週六	週日
1	2	3	4	5	6	7
				49 天前		
8	9	10	11	12	12	13
15	16	17	18	19	20	20
22	23	24	25	26	27	28
29	30	31				

2 月

週一	週二	週三	週四	週五	週六	週日
			1	2	3	4
				21 天前		
5	6	7	8	9	10	11
12	13	14	15	16	17	18
				7 天前		
19	20	21	22	23	24	25
	3 天前		1 天前	今天		
26	27	28				

在行事曆中完整記錄學習內容，
推測出應該複習的時間。

專家的方法來試試看」這樣的話。

就像我前面說過，知名專家學者提出的論點，應該都有相當的根據，背後也會有充分的科學證據來支持他們的說法；但哪怕這些理論未經證實，也可期待安慰劑效應（Placebo Effect）發揮作用。所謂的安慰劑效應是指，雖然受試者吃的藥劑中，不含藥物成分，但因為服用的人相信藥物具有療效，結果竟然真的產生好轉反應。

也就是說，只要我們認為某個人提出的讀書方法很不錯，就算這種說法沒有根據，讀書效率還是會因為心理因素的影響而提升。

3 記憶力的黃金時段：睡前五分鐘

大家知道在一天當中，哪個時段的記憶力最好，最適合拿來背誦考試內容嗎？是一大早剛睜開眼的時候嗎？還是午餐後或晚上？一般來說，**人們在睡前五分鐘讀過的內容，最容易在腦海中留下記憶**，所以這段時間又被稱為記憶力的黃金時段。

這是因為在睡前五分鐘接觸到的內容，容易在睡眠中從短期記憶轉變成長期記憶。

我親身嘗試了這套理論，發現效果十分顯著——我在睡前五分鐘背誦的內容，經過了六至七小時的睡眠時間後，到隔天早上還能清楚記得。記憶力黃金時段的力量如此強大，還有什麼不善加利用的理由嗎？

善用記憶力的黃金時段

如同前面所說，每天的記憶力黃金時段，只有睡前的短短五分鐘。那在這麼短的時間內，如何篩選須背誦的內容？正解就是學會取捨，每天只精選一個重要的內容，在睡覺前好好記住它。

具體做法是在睡覺前，認真背誦某個名詞定義、論點或英文單字（直接背誦或用手寫下來）。背完後，立刻去睡覺。隔天一早醒來，先將前一晚背誦的內容，默寫在紙上（參考左頁圖表4-3）。

只要確實執行這三個步驟，就能將睡前背下來的內容，從短期記憶轉存到長期記憶裡，更不容易被遺忘。相對的，既然睡前五分鐘是記憶力的黃金

圖表 4-3 善用記憶力的黃金時段

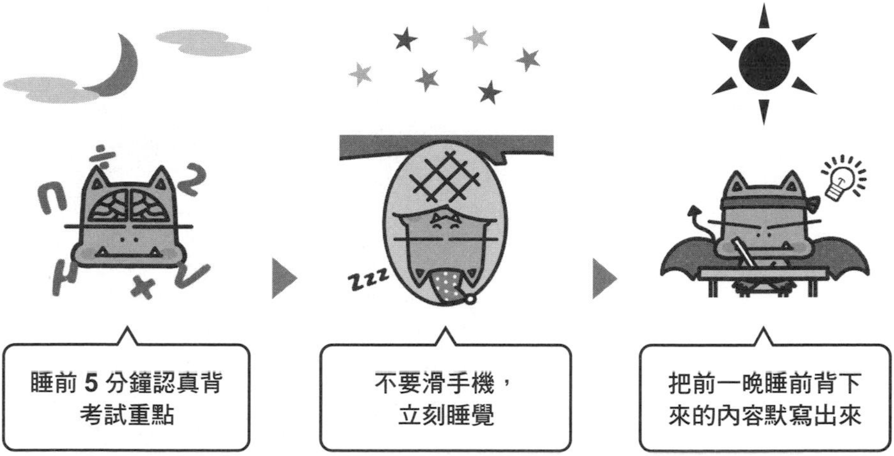
睡前 5 分鐘認真背
考試重點
不要滑手機，
立刻睡覺
把前一晚睡前背下
來的內容默寫出來

時段，千萬不要把它浪費在滑手機上。

每天五分鐘，長期累積下來也很可觀

不要小看短短五分鐘，只要每天善用這個黃金時段，一整年下來就會在腦海中，累積三百六十五個重要的考試內容，讓你在考試時發揮聚沙成塔的威力，展現驚人的成果。

不過人類畢竟是健忘的生

物，雖然睡前五分鐘的記憶力黃金時段看似效果顯著，但也不一定每次能一〇〇%的記住睡前背誦的內容。不過只要一次又一次的反覆練習，就有機會在記憶中留下痕跡，在考試時發揮效果。

至於在準備考試時，連睡前五分鐘都無法抽空讀書的考生，我就直說了：「你們真的想考上嗎？」只要有心，無論再忙、再累，抽出睡前五分鐘來背誦，應該沒有很困難。請從今天開始到考試前，每天善用睡前寶貴的黃金五分鐘。

4 Z字形複習法，三天內解題三次

我在前面曾提過，與其三本不同的教材各看一次，不如一本書重複讀三次。因為人類的記憶力並不好，無法只看過一次內容就過目不忘，所以藉由重複讀來增加複習次數，是準備考試時不能缺少的步驟。知道重複讀的重要性後，下一個問題就是：要怎麼重複讀？

以一本有五十題的題庫來說，一般人可能會先從第一題開始往下做，一路寫到第五十題後，再回過頭來繼續從第一題開始往下寫到第五十題，如此重複練習三次，再練習下一本題庫。但這樣的複習方式，無法發揮重複讀的最大效益，往往在寫到第五十題時，已經忘了第一題的內容。以下我會告訴大家，用什麼方式來重複讀是最有效的。

短時間內練習三次

在此我也用題庫為例來說明，我建議的做法是：以每三題為一組，用Z字形的往返方式來複習。具體來說，就是**第一天練習第一至三題；第二天練習第二至四題；第三天練習第三至五題**。相信大家應該都會發現，用這樣的方式複習，**每一題都能在短時間內完整練習三次**。這種複習方式，可把重複讀的效益最大化。

由於這種重複讀的方式，是每天都往前複習一點、往後練習一點，所以我把它稱為Z字形複習法。至於從第一題開始往下做，一路寫到最後一題，再回過頭來從第一題開始往下寫的複習法，我則稱為折返式複習法。折返式

圖表 4-4 用折返式複習法與 Z 字形複習法練習題目的差別

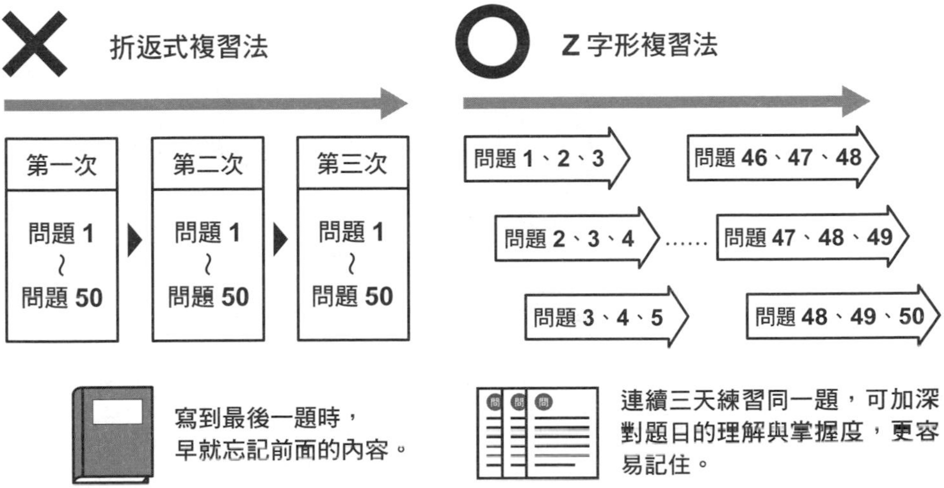

折返式複習法
第一次
問題 1
～
問題 50
第二次
問題 1
～
問題 50
第三次
問題 1
～
問題 50
寫到最後一題時，
早就忘記前面的內容。
Z 字形複習法
問題 1、2、3
問題 2、3、4
問題 3、4、5
……
問題 46、47、48
問題 47、48、49
問題 48、49、50
問
連續三天練習同一題，可加深對題目的理解與掌握度，更容易記住。

複習法不僅比較花時間、學習效率也不突出，我還是建議使用Z字形複習法，對考試的幫助較大（參考圖表4-4）。

Z字形複習法的優點

Z字形複習法的特色就在於，能一點一滴的累積與加深記憶。就像前面舉的例子，從第一題開始依序往下寫到最後一題時，很可能對最前面的內容早已沒有印象。但Z字形複習法能避免類似的狀況，因為連續三天都複習到同一道題目與同一段內容，若某個題目在第一天做錯了，隔天在重複練習時，就能憑著前一天的記憶，加強修正錯誤的部分。我曾聽過一種說法：同一段內容或同一道考題，只要連續三天練習，就會被我們深深記住。

這個Z字形複習法在我準備考試時發揮了強大的作用，如果當年沒有採取這樣的讀書方式，我也無法順利通過司法考試。畢竟準備考試的重點就在於先徹底理解，並想辦法讓理解消化過的內容，形成記憶、烙印在腦海中，之後只要重複讀過幾次、後續定期回顧，就幾乎不會遺忘。

5 適合考生的番茄鐘工作法

準備考試是一場長期抗戰，所以常有考生問我：「要怎麼樣才能維持長時間的專注力？」想長時間維持在專注的狀態，真的非常困難，但幸好，你不必逼自己一直保持專注力。

舉例來說，有兩位考生在準備相同的考試，其中一位在專注的狀態下，每天讀書三小時；而另一位則是在無法持續專注的狀態下，每天讀書十小時，而最後通過考試的，很可能是那位每天讀書十小時的考生。所以我在此澄清：準備考試時，不要陷入須保持專注的迷思，只要讀書的時間夠長，一樣能讀進大腦中。所以不管自己的狀態怎麼樣，總之先開始讀書再說。

不過，雖然專注力不是一切，但如果能保持專注，還是有助於提升學習的效率。然而專注力並不會憑空出現，須靠自己來創造。以下，我分享幾個維持專注力的方法，大家可以嘗試看看。

讀書二十五分鐘，休息五分鐘

我非常推薦用番茄鐘工作法來維持專注力，方法相當簡單，就是**讀書二十五分鐘、休息五分鐘，將這個步驟重複四次後，休息十五分鐘**（參考左頁圖表4-5）。

據說發明這個方法的人，是因為使用廚房常見的發條式番茄造型計時器來設定時間，區隔自己工作與休息的時段，所以才會把它命名為「番茄鐘工作法」。由於執行起來相當容易，設定二十五分鐘的時間也恰到好處，任何

圖表 4-5 番茄鐘工作法

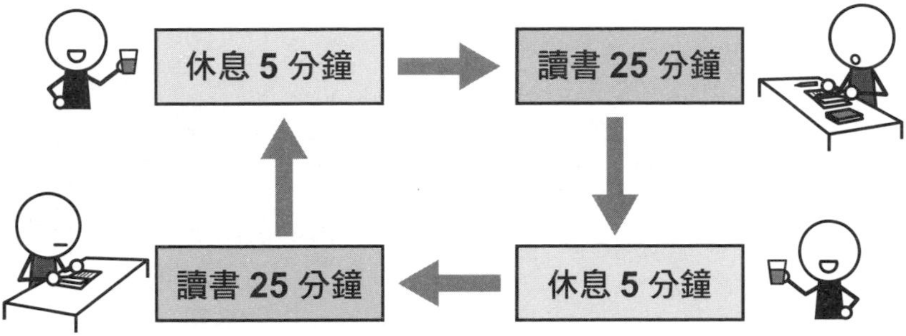
休息 5 分鐘
讀書 25 分鐘
休息 5 分鐘
讀書 25 分鐘

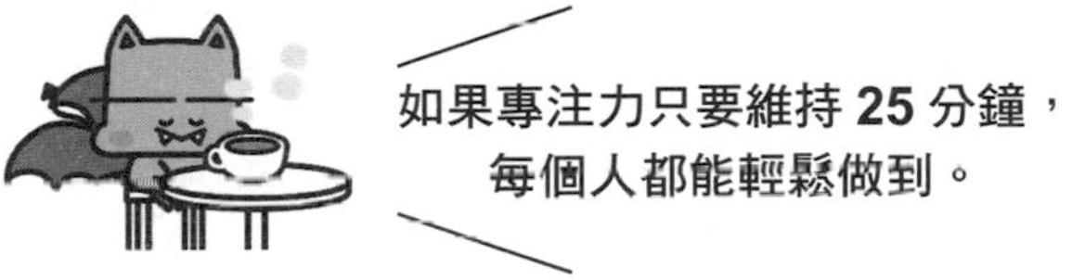
如果專注力只要維持 25 分鐘，
每個人都能輕鬆做到。

人都能輕鬆達成目標，因此對於長時間專注讀書很有幫助。

其他能提升專注力的方法

除了番茄鐘工作法之外，還有許多能維持專注力的方法，例如前面介紹過，只要用藍筆來讀書、寫字、記筆記，就更容易專心。

此外，當自己開始讀書時，如果人在外面，可把手機放在家裡或鎖在置物櫃裡，讓手機遠離自己，避免在讀書時分心。畢竟現在的智慧型手機，有太多眼花撩亂的功能與訊息，只要把手機放在身邊，很容易就忍不住拿起來滑。所以強迫自己待在不被手機干擾的空間中，自然就能集中注意力。

飲食對於專注力也會帶來影響。據說如果體內的糖分不足，大腦就無法有效運作，所以可適時的補充巧克力或葡萄糖片等，供應足夠的糖分給大腦使用，我則是每天會補充富含DHA（Docosahexaenoic acid）的營養品等。

許多方法都有助於維持專注力，但我最後還是要特別強調，不要糾結在維持專注力的迷思中，持續讀書與學習，才是戰勝考試的最佳方法。

6 教別人，自己記住的機率高達九〇%

本書已介紹各種讀書方法，但這些方法的效果因人而異，所以須根據自己的成長背景、性格與生活環境，以及評估距離正式考試的時間，並將各種變數都加以考量，才能挑選出最適合自己的方法。

除此之外，在選擇讀書方法與規畫應考策略時，還可參考學習金字塔（Learning Pyramid）。

學習金字塔是由美國國家訓練實驗室（National Training Laboratories）發表的研究結果，這套理論以學習保留率，將各種學習方式加以評比（參考左頁圖表4-6）。

學習金字塔

在這套理論中，可發現最常使用的學習方式「課堂聽講」，在學習金字塔的評比中效率最差，學習保留率只有五％；倒數第二名的學習方式是自己閱讀，學習保留率也不高，只有一〇％；示範的學習保留率為三〇％；實作練習（例如解題等）的學習保留率為七五％；至於**教導他人的學習保留率則高達九〇％**。

從學習金字塔的理論可以得知，雖然上課聽講很重要，但這種方式是被動學習（接收知識的輸入型學習法），而真正能獲得較高學習效益的是主動學習（由自己主導的輸出型學習法）。

圖表 4-6　學習金字塔

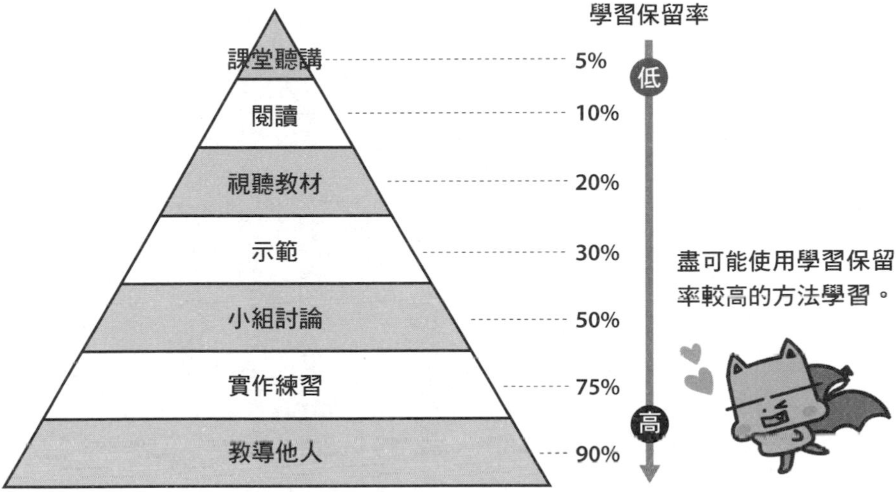
學習保留率
課堂聽講 5%
閱讀 10%
視聽教材 20%
示範 30%
小組討論 50%
實作練習 75%
教導他人 90%
低
高
盡可能使用學習保留率較高的方法學習。

迪士尼學習法

根據前述的說明我們可以了解到，學習保留率最高的學習方式就是教導別人。而我過去準備考試時所執行的「迪士尼學習法」，就完全體現了這套理論的概念。

所謂的迪士尼學習法，正如同字面的意思，是指在迪士尼樂園學習。因為我跟當時的女友（現在的妻子）都十分喜歡迪士尼樂園，所以就算知道在準備考試時，應該以讀書為重，卻又忍不住想去迪士尼樂園玩。於是我想出一套能邊玩邊讀書的方法，就是帶書去迪士尼樂園，利用排隊等待的時間複習。

因為女友沒有法律相關的背景，所以在迪士尼樂園的排隊等待時間，我請她隨意翻開某一頁教科書，接著我再嘗試使用連一般人都能聽得懂的講解方式，把該頁內容用淺顯又有趣的方式說明給她聽。因為必須用別人能理解的方式說明過一遍，所以透過教導別人，能進一步確認有哪些地方還沒有徹底搞懂。

用這種方式來學習，從學習金字塔的角度來看，學習保留率相當高，大家不妨嘗試看看。

7 準備司法考試時，我每天讀書十七小時

前面提到我在準備司法考試時，**每天的讀書時間高達十七小時**，有許多考生知道後，紛紛來問我是怎麼辦到的？其實這十七小時，**並不只是在書桌前用功讀書的時間，還包括許多生活中的零碎空檔**，而能否善用這些時間，就會大大影響成績。

其中，日常生活的通勤時間，就是可拿來利用的好機會——只要不影響安全，在搭車通勤或走路前往某處時，都可一邊走路，一邊讀書，我把這個讀書方式稱為走路學習法。至於要怎麼應用？我推薦**搭配單字卡，邊走邊朗**

讀單字卡的內容。

人的身體在活動時，由於血液循環加速，進而讓思路更加靈活，記憶力也會因此提升。所以據說一邊活動身體，一邊讀書，成效會比長時間坐在書桌前用功來得更好。

加上走路學習法不只要用眼睛看，還得用嘴巴朗讀出聲，甚至朗讀的內容還會透過耳朵的聽覺再次吸收，充分運用感官來加強記憶。

但使用走路學習法時，也要留意路上的車輛、行人及紅綠燈等，太過專心在單字卡上，很容易發生交通事故或危險。我就曾有過好幾次因為太過投入，而差點發生意外的經驗。

單字卡搭配走路學習法

另外，走路學習法適合搭配單字卡一起使用（參考左頁圖表4-7）。在前

圖表 4-7　走路學習法，適合搭配單字卡

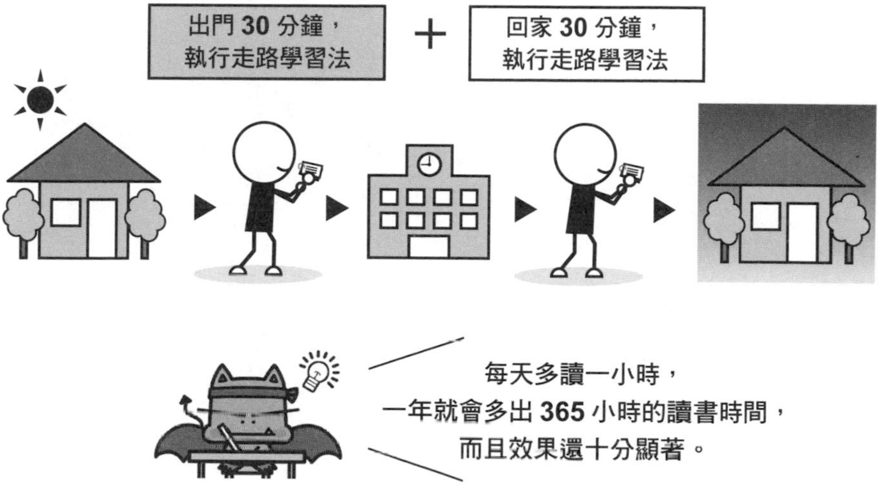
出門 30 分鐘，
執行走路學習法
回家 30 分鐘，
執行走路學習法
每天多讀一小時，
一年就會多出 365 小時的讀書時間，
而且效果還十分顯著。

面提過單字卡的製作方式，簡單來說，就是每一考科準備一組單字卡，製作時盡量把須背誦的重點，都整理在卡片裡，如此一來就能一手掌握這一門考科的精華。

至於在走路時要怎麼翻閱單字卡？我的建議是把單字卡拿出來看一眼，留下基本印象後就換下一張，不必太過專注於思考問題的答案。大家可能會覺得有點困惑：「拿單字卡出來，不就是要背誦嗎？」但因為是在走路或通勤的過程中翻閱，所以不必努力記住卡片的內容，只要留下一點印象，有助於日後複習時更快的記住就行。

每天在通勤或走路時，如果能朗讀一組單字卡，一週七天就能看完七個考科的重點精華，一年有五十二週，等於把這七門考科的重點都看過五十二次。有了這樣的基礎，日後在複習時，只要花一點功夫，就能把這些內容都熟記到腦海裡。

8 耳塞朗讀法、莫札特學習法，已被科學證實

準備考試時，比起只用眼睛讀課本，運用各個感官來讀書，能獲得更好的學習成果。所以**別只是坐在書桌前一頁頁的翻書，而是嘴巴讀出聲音、耳朵聆聽自己唸出來的內容、動手抄寫重點**，像這樣一邊活動身體，一邊吸收考試資訊，都比單純坐在書桌前好。

而運用各個感官來學習的方式中，最傳統也最容易執行的就是朗讀。朗讀時，除了要用眼睛來掃視書中的內容，還要用嘴巴讀出來，且讀出來的同時，耳朵也能聽到自己的聲音。雖然速度會比只用眼睛來閱讀更慢，但全面

的感官學習有助於加深記憶，更容易記住讀過的內容。

朗讀時戴上耳塞

此外，還有一個較鮮為人知的進階技巧，就是**朗讀時戴上耳塞**（參考左頁圖表4-8），我稱為「耳塞朗讀法」。

對此你可能會想：「不是為了聽見書的內容，才特別把這些內容都唸出聲音來嗎？一戴上耳塞不就什麼都聽不到了，要怎麼加深記憶與學習效率？」先別著急，你不妨先戴上耳塞朗讀一遍試試看。其實就算戴著耳塞，聲音一樣可透過頭部的共鳴傳進腦子裡。

差別只是沒戴耳塞時，聲音是從耳朵傳進大腦；而戴著耳塞時，聲音則是直接透過震動與共鳴傳進大腦。根據一名醫學系的學生向我分享，耳塞朗讀法的學習效果比用耳朵聽來得更好，既然有醫學根據這樣表示，那大家不

圖表 4-8　朗讀的進階技巧：耳塞朗讀法

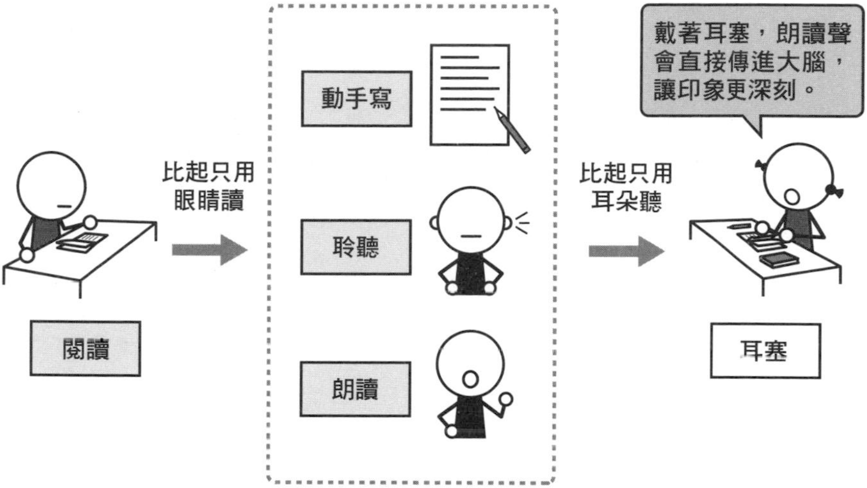
戴著耳塞，朗讀聲
會直接傳進大腦，
讓印象更深刻。
比起只用
眼睛讀
閱讀
動手寫
聆聽
朗讀
比起只用
耳朵聽
耳塞

妨實際體驗看看這個方法的神奇功效。

只有莫札特經科學證實

另外一個跟聽覺有關的讀書方法是莫札特學習法，指準備考試時，把莫札特的鋼琴奏鳴曲作為背景音樂。

當然類似的方法有很多，例如坊間也曾流傳讀書時聽貝多芬的古典音樂，有助於集中精神，但那些說法都沒有經過科學證明；只有莫札特的鋼琴奏鳴曲曾經過科學證實，對於學習確實有幫助。

我也親身實驗，在每天早上開始讀書前，先用 YouTube 播放莫札特的鋼琴奏鳴曲，在音樂聲中讓自己以清新又優雅的姿態，迎接新的一天，專注力也確實因此而提升了。

有些考生對聲音比較敏感，因此在安靜的環境下學習效率比較好；但如果有人跟我一樣，需要一點聲音幫助自己專注學習，那我推薦你聽莫札特的鋼琴奏鳴曲。

第 5 章

這些生活習慣，有助於提升學習效率

1 分割睡眠學習法，記憶力大提升

偶爾我們會在圖書館、自修室或K書中心，看到有些考生會邊讀書邊打瞌睡，然後又勉強振作精神繼續苦讀。表面上看起來好像意志力驚人、讀到筋疲力盡還在硬撐，但實際上這對讀書來說，一點幫助也沒有。

可能有些人一翻開課本就想打哈欠，所以大家常會有「想用功讀書，就得戰勝睡魔」的刻板印象，甚至把睡意當成是讀書學習的大敵，想方設法的逼自己戰勝睡意。

然而，充足的睡眠是準備考試的好戰友。人類會在睡覺時整理記憶，讓短期記憶轉變成長期記憶。因此，「該睡就睡、想睡就睡」是非常重要的基本觀念，要**避免睡眠不足的狀況**。

我在前面曾提過，我以前準備司法考試時，每天二十四小時減掉睡眠時間，就是讀書時間（參考第四十六、四十七頁），也代表著在準備考試時，唯有睡眠時間是絕對不能犧牲的。

分割睡眠，記憶力的黃金時段變兩次

還記得我曾介紹過「睡前五分鐘，是記憶力的黃金時段」嗎？在睡覺前五分鐘複習的內容，最容易變成長期記憶。自從我知道這個理論後，我就改良、研發出分割睡眠學習法：**把每天的睡眠時間分割成兩段，這麼一來，記憶力的黃金時段就增加到一天兩次**（參考下頁圖表5-1）。

執行方式相當簡單，假設你每天至少需要六小時的睡眠時間，只要分割

圖表 5-1　分割睡眠學習法的執行範例

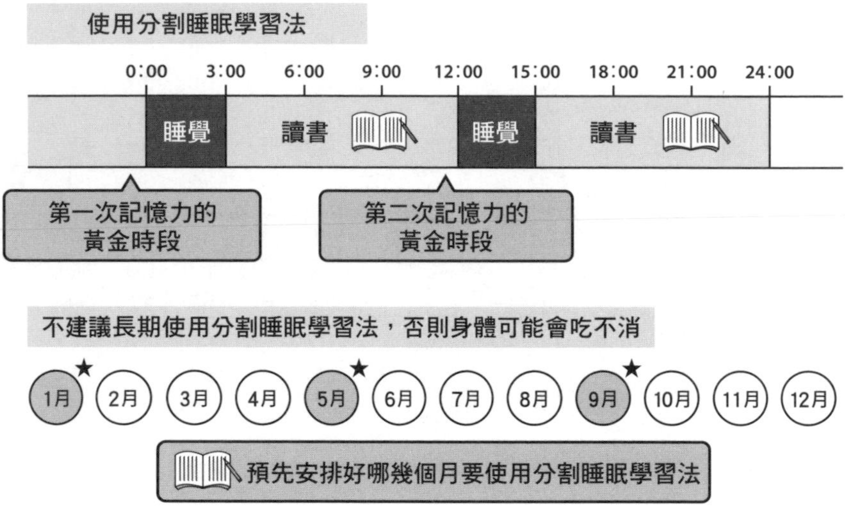
使用分割睡眠學習法
0:00
3:00
6:00
9:00
12:00
15:00
18:00
21:00
24:00
睡覺
讀書
睡覺
讀書
第一次記憶力的黃金時段
第二次記憶力的黃金時段
不建議長期使用分割睡眠學習法，否則身體可能會吃不消
1月
2月
3月
4月
5月
6月
7月
8月
9月
10月
11月
12月
預先安排好哪幾個月要使用分割睡眠學習法

成晚上三小時、下午三小時，一天就能獲得兩次記憶力的黃金時段。

但就像本節一開頭所說，人類需要一定長度的睡眠時間，而且絕對不能被犧牲，所以執行分割睡眠學習法時，也有一些注意事項要提醒大家。

首先，分割睡眠學習法是為了提升學習效率的手段，**不能當成常**

態。所以最好預先決定在哪幾個月要執行分割睡眠學習法、哪幾個月要維持正常作息。此外，執行分割睡眠學習法時，務必優先考量自己的健康狀況，不要過度勉強自己。最後，既然執行了這個方法，就要好好善用記憶力的黃金時段，確實把睡前與起床後的關鍵五分鐘拿來背誦重點、複習考試內容。

控制咖啡因的攝取量

另一個有關睡覺的議題是咖啡因的攝取量。有許多考生為了維持念書時的精神狀況，常喝了咖啡又補充能量飲料，甚至服用咖啡因錠。但攝取過多的咖啡因，提神效果會越來越差，進而導致不斷提高攝取量，最後可能會造成咖啡因中毒等問題。

我還是建議，該睡就睡、想睡就睡。除非不得已（例如正式考試當天），千萬不要過於依賴咖啡因等外物的幫助。

2 我凌晨三點起床讀書，莫札特當背景音樂

在前一節，我介紹了分割睡眠學習法的執行方式。以我來說，我會把兩段睡眠時間，分配到凌晨十二點至三點，以及中午十二點至三點，像這樣三小時×兩次＝共六小時。為什麼我這樣分配？因為凌晨三點起床讀書的好處有很多。

最主要的理由是，能**擁有極佳的專注力**。凌晨三點從被窩裡爬起來，實在很讓人崩潰，但先用冷水洗把臉、讓自己清醒一下，接著坐到書桌前，就能進入高度專注的狀態。在大家都已入睡的夜深人靜時刻，觸目所及一片漆

黑，耳邊也是萬籟俱寂，有什麼比這種環境，更容易讓人專注在書本上？

此時，可播放莫札特的鋼琴奏鳴曲當成背景音樂，營造出「這個時間只有我一個人在用功」的感覺，自然能提升專注力。

每天輕鬆讀書十小時

還記得我提過，我在準備司法考試時，每天的讀書時間高達十七小時嗎？或許許多考生會覺得「這怎麼可能」、「每天花九小時讀書已經到極限了」。但只要凌晨三點起床讀書，一路讀到中午十二點，就已達到九小時；剩下來的半天時間，即使另外花一點時間休息放鬆或睡午覺，也能輕易讀超過一個小時，一整天加起來就超過十小時（參考下頁圖表5-2）。

因此我認為準備考試時，當晨型人比夜貓子更好。

圖表 5-2　凌晨 3 點起床讀書好處多

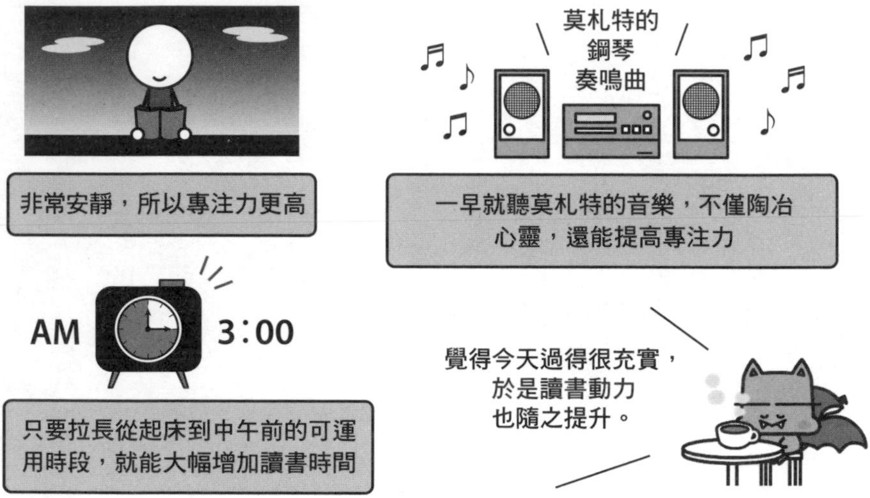
莫札特的
鋼琴
奏鳴曲
非常安靜，所以專注力更高
一早就聽莫札特的音樂，不僅陶冶心靈，還能提高專注力
AM 3:00
覺得今天過得很充實，
於是讀書動力
也隨之提升。
只要拉長從起床到中午前的可運用時段，就能大幅增加讀書時間

生活即考試，考試即生活

最後，雖然與凌晨三點起床讀書無關，但我要推廣一種應考心態。我非常喜歡一種說法：「在準備考試時，生活即考試，考試即生活。」也就是真心想通過某項考試時，除了把讀書擺在第一順位之外，要讓生活中的所有事都與考試產生關聯。

例如在看新聞時，可以改變角度來思考：「現在播報的這則新聞，跟我要準備的考試有沒有什麼關聯？」到便利商店買東西時，也可站在雜誌區前觀察一下：「這些書報雜誌的標題與內容，有什麼跟考試相關？」

當一年三百六十五天、每天二十四小時，心裡都掛念著考試這件事，就如同吸引力法則（Law of Attraction，透過正面或負面想法，獲得正面或負面的結果）所說，當我們加強想通過考試的強烈渴望、注意到各種跟考試有關的資訊，最後就會順利通過考試。

另外，我要提醒興趣廣泛、難以專心讀書的考生，既然已經決定參加考試，請把通過考試擺在第一順位，有任何其他想做的事，都等到合格再說。與其一邊讀書，一邊分心做別的事，不如等考過了再做其他感興趣的事，心情上也會比較輕鬆。

3 連洗澡時間也能拿來準備考試

本書一再強調，不是只有坐在書桌前才能讀書，不管是通勤的時候，甚至吃飯、洗澡等時間，只要有心，都能用來準備考試。本節要分享的技巧，就是教大家在浴室洗澡時，讀書、複習的方法——浴室學習法。

介紹這個方法前要特別說明，因為洗澡是一天當中難得可以放鬆身心、舒緩壓力的時刻，所以有些考生會藉由泡澡來充電，此時讀書反而無法好好休息。因此對於這套浴室學習法，大家可以斟酌使用。

「浴室學習法」顧名思義就是在浴室裡複習，但浴室是洗澡的地方，如果直接把書或筆記本帶進浴室裡，很可能會弄溼或變得字跡模糊。我反覆摸索並嘗試錯誤過好幾次後，才研究出以下邊泡澡邊讀書的方法（參考第一七九頁圖表5-3）：

1. 用聽的方式複習課程

因為洗澡時不能翻閱書，也無法閱讀筆記，那最有效的學習法就是「用聽的」，只要事先準備好播放器材與播放內容，就能在洗澡時用聽的方式複習。使用這套方法時，不一定要額外花錢買設備（像是防水音箱等），只要把手機放到夾鏈袋裡，放在不容易潑到水或沾溼的地方即可。用手機把課程內容播放出來，就能一邊洗頭、洗澡，一邊用聽的方式複習功課。

2. 使用防水筆記

使用防水（耐溼）筆記也是一種可行的方法。戶外活動常會用到的防水筆記本搭配油性筆，就是在洗澡時可拿來複習功課的好工具，只要事先在防水筆記本上寫好考試的相關內容，就能拿進浴室裡邊洗澡邊背誦。讀過的防水筆記不要輕易丟棄，貼在浴室牆上，隔天還可繼續使用、反覆練習。

3. 讀舊書，弄溼也不怕

準備考試時，一定有一些已讀過的舊課本，這些書就算被弄溼、弄髒也沒關係，可大膽拿來放在浴缸蓋上，邊泡澡邊複習。聽說有些喜歡看漫畫的人，會這樣利用泡澡時間來享受閱讀的樂趣，我也是借用他們的創意，把同樣的方法應用在讀書上。

4. 刷牙時也能讀書

不是只有洗澡或泡澡時能複習功課，就連刷牙的時間我也不會輕易放過。至於如何邊刷牙邊讀書？我的方法是用平板電腦把記憶樹筆記的內容拍

圖表 5-3　邊洗澡邊複習的方法

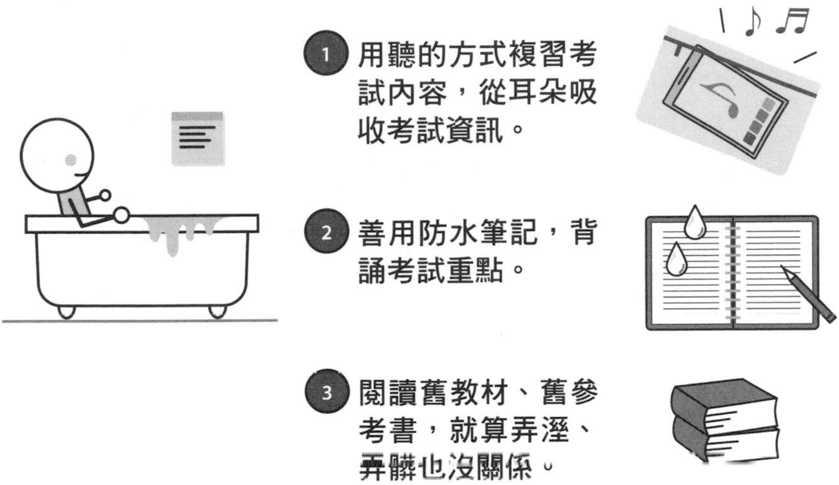
1 用聽的方式複習考試內容，從耳朵吸收考試資訊。
2 善用防水筆記，背誦考試重點。
3 閱讀舊教材、舊參考書，就算弄溼、弄髒也沒關係。

下來，在刷牙時用每三秒一張的速度自動播放，這樣就能邊刷牙邊複習。

我以前準備司法考試時就曾把考試範圍的內容，全部製作成記憶樹筆記，一共有兩百五十幾張。

每天在刷牙的時候用每三秒一張的速度來自動播放，大概只要十來分鐘，就能快速複習一次。像這樣在刷牙時複習考試內容，真是一舉兩得的好方法。

4 我認為最適合的讀書地點

「在哪裡讀書，是比較適合的學習環境？」這個問題時常困擾著許多考生，除了個人喜好外，我建議要考慮以下五點（參考第一八三頁圖表5-4）：

1. 地點

考生的時間寶貴，雖然在走路或通勤的過程中也能讀書，但能做的事情畢竟有限。因此盡量選擇離家近，或通勤、通學途中會經過的地方作為讀書地點，會比較適合。

2. 費用

基本上，使用自己家、學校教室、補習班自修室或圖書館等空間，都不必額外付費。但若是咖啡廳或K書中心，就會產生一定的費用。以咖啡廳來說，如果每天的最低消費是五百日圓（按：全書日圓兌新臺幣之匯率，皆以臺灣銀行在二〇二三年二月公告之均價〇・二三元為準），那一個月三十天會花到一萬五千日圓，這樣算起來還不如去包月的K書中心比較划算。

3. 可使用的時間

一般來說除了自己家，大部分的場所都有營業時間或開放時間的限制。所以挑選要去哪裡讀書時，也要考慮開放時間，是否符合自己的需求。

4. 有沒有空間寄放私人物品

考生的身邊永遠有一大堆參考書，如果每天都得把這些沉重的書籍帶來帶去，會很辛苦。所以挑選讀書場所時，最好考慮是否提供私人物品的寄物空間，例如某些K書中心可包月選擇固定座位，就能把暫時用不到的書放在那裡（但還是要小心有遺失或遭竊的可能），是比較輕鬆、省力，也有效率的方式。

5. 環境的安靜程度

讀書場所的安靜程度，會大幅影響專注力。所以選擇讀書場所前，請先確認這個環境當中的出入人員狀況，例如往來的都是考生嗎？還是一個完全開放、一般人都可自由聊天的空間？以避免自己在努力用功時，一直受到外界影響。

考量上述這些重點，我認為適合讀書的地點是：自己家、學校或補習班的自修教室、收費的K書中心。其中，最推薦自己家和收費的K書中心，因

圖表 5-4　讀書環境的選擇標準

	自己家	學校或補習班的自修教室	圖書館	咖啡廳	收費的 K 書中心
地點	◎	○	○	○	○
費用	○	○	○	× 每次都有最低消費	△ 會產生額外的使用費
可使用的時間	○	△ 可使用的時間有限	△ 可使用的時間有限	△ 可使用的時間有限	○
寄物空間	○	△ 大部分不能寄放私人物品	× 不能寄放私人物品	× 不能寄放私人物品	○
安靜程度	△ 取決於家人或同住者的狀況	○	△ 有時可能很吵	× 很吵	○

如果在家就能專心讀書，那就待在家裡；如果手頭比寬裕，建議選擇收費的 K 書中心。

為在這兩個地方讀書最不容易浪費時間，維持專注力的效果也最好。

我最不推薦的地方是咖啡廳，雖然我們常看到很多人會到咖啡廳讀書，但是由於環境吵雜，頂多只能專心讀書三小時就讀不下去。

從開門的第一分鐘就開始讀書

如果是在補習班的自修教室等地方讀書，最好的使用時段是從開門的第一分鐘，到服務時間結束為止。這樣一來，該場所的開放時間就等於讀書時間，可把讀書的時間最大化。而且在這些場所每天固定的開放時間前，就會有一堆考生聚集，準備進去讀書，在這些人當中，說不定也能找到目標一致、志同道合的考生。

5 想用功，真的不必戒手機

隨著時代演進、科技發展，念書的方法也推陳出新，以單字卡為例，以前是實際使用紙筆來製作，但現在有很多具備類似功能、輔助學習的手機應用程式，只要下載安裝，隨時隨地都能用來複習考試內容。

此外，有些學校或補習班，會發送教材、講義及補充資料等的電子檔檔案給考生，讓考生幾乎可用無紙化的方式，藉由智慧型手機、平板電腦來準備考試。只要順應時代潮流，善加利用五花八門的數位工具，它們都能帶來不少幫助。

用手機準備考試

我在本節就來介紹幾款近年來相當流行，又對考試有幫助的應用程式：

1. Studyplus

這是我在準備考試時，特別愛用的一款應用程式，使用者可根據不同的科目，分別記錄讀書時間，看到自己花了多少時間在哪些科目上。而且還兼具社群平臺的功能，能看到其他考生的紀錄，對提升讀書動力非常有幫助，我相當推薦（按：目前僅提供日語和英語版本）。

2. YPT-Yeolpumta

這款應用程式近年來突然爆紅，使用者大幅增加。其主要特色在於可跟朋友一起組隊，彼此都能看見對方的讀書時間，藉此相互激勵。

3. Interval Timer

是一款能自行設定時間間隔的計時器應用程式，可搭配強制速讀法與番茄鐘工作法等學習方式一起使用。

當心手機成癮

數位工具可幫助我們準備考試，但同時也要當心手機成癮的問題。畢竟在網路社群時代，許多人難以擺脫網路依賴的問題，導致無法專心讀書。我也曾差點出現沉迷於手機的狀況，以下介紹幾個擺脫手機滑不停的方法：

首先是使用能改善此情況的應用程式，市面上有多款這類產品，有趣又能幫助我們脫離手機成癮，像是我使用的「Forest 專注森林」，只要在一定時間內都不接觸手機，畫面中的樹木就會長大（參考下頁圖表 5-5）。

再者，也可使用物理的方式，讓自己遠離手機。例如讀書前，把手機鎖

圖表 5-5　對準備考試有幫助的應用程式

Studyplus

可將考科項目、學習時間等資訊，全部以視覺化的方式呈現。還具備社群平臺的功能，能與準備相同考試的考生當朋友，提升讀書動力。

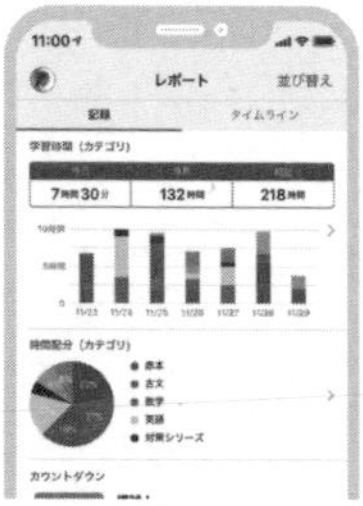

YPT - Yeolpumta

能自行組隊，與朋友一起比賽讀書時間，相互激勵。

Forest 專注森林

能減緩手機成癮症。會依據使用者遠離手機的時間長度，孕育出各種類型的可愛植物。

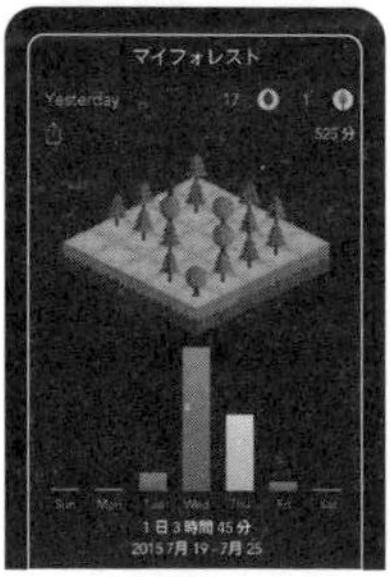

在置物櫃或乾脆放在家裡不要帶出門，都是不錯的方法。

最後，我建議你先移除手機裡的遊戲應用程式。我以前也想過，把玩益智類型的遊戲作為休息時的娛樂活動，但後來發現，只要一打開遊戲就欲罷不能，無法收心回到書本上。我馬上發現問題的嚴重性，逼自己移除這些遊戲，避免占用原本應該用功讀書的時間。

第 6 章

鼓勵自己，距離終點只差一步

1 找些名言佳句，激勵自己

常有許多考生會問：「如何提升讀書的動力？」雖然我在本章還是會告訴大家一些可行的方法，但在分享這些方法前，想先澄清一個觀念：**維持讀書動力，遠比提升動力要來得更重要**，這完全是不同的兩件事。

想提升讀書動力，只要照著本章介紹的各種方法實際執行；請教已經順利通過考試的前輩；或想像一下考試合格後，收入與社會地位會提升多大幅度等，都可以提升讀書的動力。但這樣的動力能維持多久？通常不到一週，就會逐漸降低。

對於準備考試這種長期抗戰來說，真正重要的是維持讀書動力，這並非指持續保持在情緒高昂、充滿動力的狀態，而是無論發生什麼事都能抱著平常心，依照自己的步伐、一步步的完成讀書進度。換句話說，就是維持「雖然只有小火苗，但火苗始終不停燃燒著」的狀態（參考下頁圖表6-1）。

缺乏讀書動力時該怎麼辦？

嚴格來說，考生不應該有缺乏讀書動力的問題。打從自己下定決心參加某項考試後，就沒有其他選擇，只有努力準備考試、順利通過一途。況且，當我們煩惱著讀書動力低落時，其他參加相同考試的對手都正在埋頭苦讀，沒有人會停下來等待我們重整士氣再出發。

因此，請不要給自己無謂的苦惱或藉口，耐著性子坐下來在書桌前好好用功，就是我真正想告訴大家的事。

圖表 6-1　維持讀書動力，比提升動力更重要

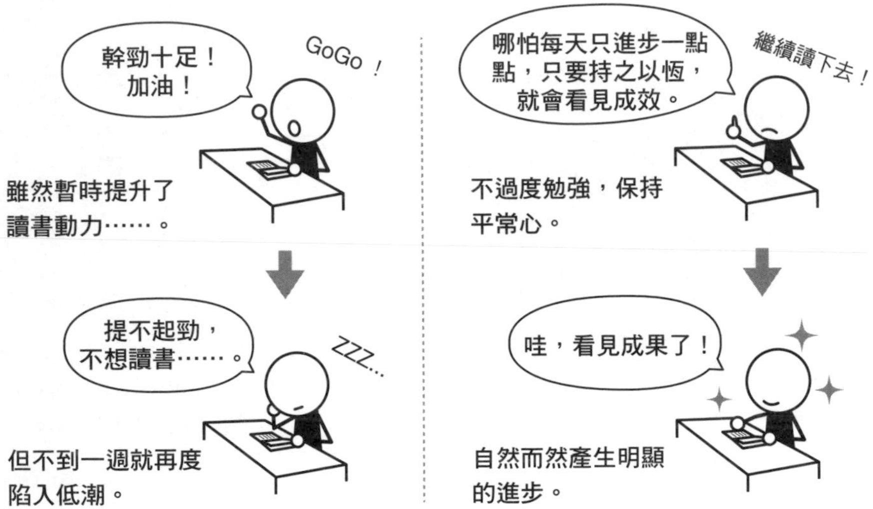
幹勁十足！加油！
GoGo！
雖然暫時提升了讀書動力……。
提不起勁，不想讀書……。
ZZZ...
但不到一週就再度陷入低潮。
哪怕每天只進步一點點，只要持之以恆，就會看見成效。
繼續讀下去！
不過度勉強，保持平常心。
哇，看見成果了！
自然而然產生明顯的進步。

雖然前一段的內容有點嚴苛，但面對考試的關卡，還是要盡量積極正面的挑戰它。以下跟大家分享一段我很喜歡的名言佳句：「Sleep now and a dream will come out, Study now and a dream will come true.」（此刻入睡，你的夢將只是夢；如果此刻振作學習，你的夢將成真）。

這句話據說是出自於哈佛大學圖書館，是用來鼓勵學生的二十句箴言之一，但又聽說，哈佛大學圖書館實際上沒有貼任何名言佳句。無論如何，因為這句話總能激勵到我，所以我把這句話抄下來，壓在透明桌墊底下，時時鼓勵自己。

大家也可上網搜尋這二十句箴言，或找到激勵自己的名言佳句，設定成手機桌布，讓自己經常從這些名言佳句中，重新獲得能量。

2 學習成果視覺化，你會更有動力

準備考試是一段孤獨的旅程，只能自己依循著計畫與目標，一步步的向前邁進。如果不知道計畫與目標是什麼，不明就理的上課補習、複習、參加模擬考……等最後正式考試時，也很難考到令你滿意的成績。

就好像爬山一樣，若不知道從哪裡來、要往哪裡去，無法確認努力過的軌跡，就不知道自己究竟是進步、還是停滯不前。

但如果將讀書的過程，用視覺化的方式來呈現，就能作為參考的依據，藉以確認自己距離目標還有多遠，維持繼續往下走的動力。接下來，我會分享幾個將學習成果視覺化的方法。

哪些學習項目可視覺化？

首先是讀書時間。我們每天都可藉由**記錄讀書時間，來掌握自己的學習進度**，像是利用前面提過的應用程式Studyplus等，就能輕鬆記錄。

再者，也可以記錄每一次考試的成績。第一次小考的成績，固然有其重要性，但更重要的是之後多次練習一樣考卷的分數，根據這些數字的變化，你可以觀察和第一次寫考卷時相比，是否有進步。

最後，**透過記錄重複讀的次數，來追蹤自己學習的軌跡**。本書一再強調重複讀的重要性，但要怎麼替重複讀的過程留下記錄？簡單寫「正」字是一種方法，但我更推薦大家在每一次重複讀後寫下日期。日後重新翻閱時，就能知道自己什麼時候讀過這一段、這一段複習過幾次（參考下頁圖表6-2）。

圖表 6-2　把學習成果視覺化

記錄讀書時間的總時數

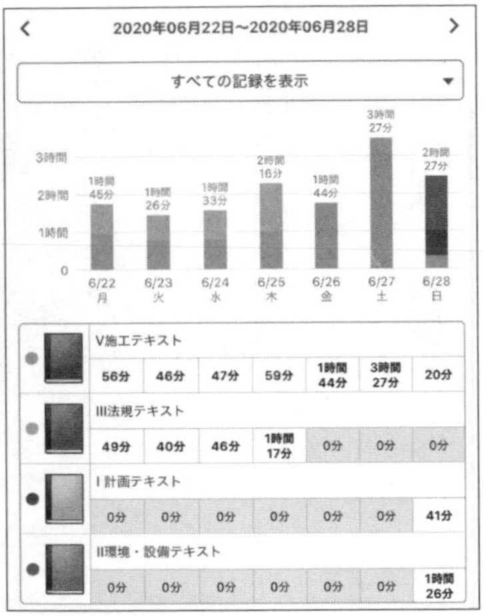

（以 Studyplus 為例。）

標注重複讀的日期

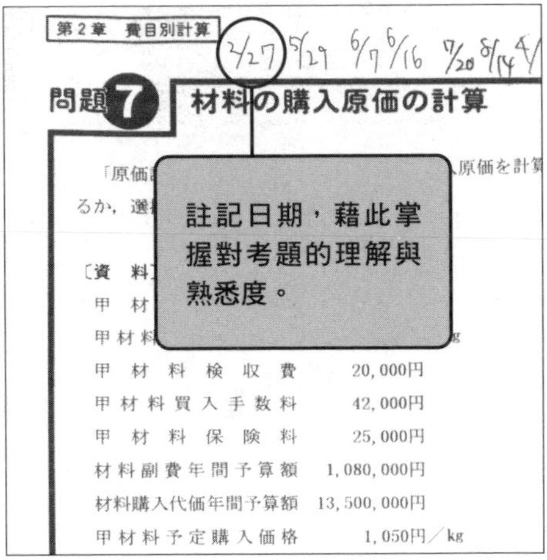

用顏色區分題目的熟悉度

前面提到寫下重複讀的次數，但除了標注日期，還可以搭配四種顏色的原子筆來記錄。

練習題庫或考古題時，可以用顏色區分題目的熟悉度，也就是用四種不同的顏色（紅、綠、藍、黑）寫上重複讀的練習日期。你可像這樣定義這四種顏色代表的意思——紅色：本次答錯，且對題目與答案完全不能理解；綠色：本次答錯，但並非完全不懂；藍色：粗心答錯；黑色：答對。越鮮豔的顏色，就是越須留意的地方。

用顏色來區分對題目的熟悉度，可把學習成果視覺化，不僅看著自己日漸進步，對維持讀書動力有正面的幫助，還能按照顏色分配複習時間，以提升讀書效率，例如「這次要複習黑筆以外的全部內容」、「本次只複習紅筆註記的地方」等。當重複讀的次數越來越多、犯的錯誤越來越少，就越接近順利通過考試的目標。

3 找個像對手又像夥伴的朋友一起讀

雖然在正式考試時，是一個人上考場，看似一場孤獨的個人賽；但平日則可跟其他參賽者（考生）一起努力、互相鼓勵，透過團體的競爭氛圍來提升實力。

以我來說，回顧從小到大的求學過程，無論是國中或高中的升學考試，或參加各種資格考試等，身邊總是有一些既像競爭對手又像夥伴的朋友，時而彼此競爭、時而相互激勵。競爭對手的存在，有效的提升了讀書動力與學習效益。

如何找到競爭對手？

激勵自己的競爭對手，不只要有相同的目標，最好對方的實力稍微優於自己，才會產生競爭的動力，讓自己帶著想超越對方的心情來準備考試，實力也會在比較的過程中越來越好。

但想找到競爭對手，可沒有想像中的這麼簡單，有可能身邊沒有相同目標的人可一起努力，或自己的性格害羞內向、不擅長結交新朋友，此時你可以善用網路社群平臺。例如我當年在準備司法考試時，由於周遭只有我一個人在準備這項考試，沒有其他可一起讀書備考的夥伴，於是我利用前面提過的 Studyplus 平臺，結識了許多有共同目標、可一起相互切磋的考生。

這些朝著同一個目標邁進的人，不只在準備考試的期間彼此競爭、一起進步；在大家都通過考試後，也因為歷經同甘苦、共患難的戰友情誼，日後還能彼此交流資訊、相互支援，可算是準備考試過程中的額外收穫。

圖表 6-3　與競爭對手一起努力

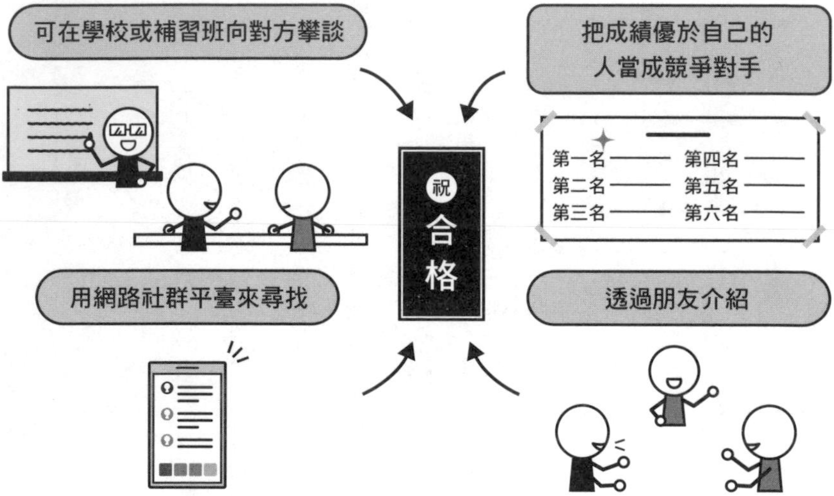
可在學校或補習班向對方攀談
把成績優於自己的人當成競爭對手
第一名
第二名
第三名
第四名
第五名
第六名
祝
合格
用網路社群平臺來尋找
透過朋友介紹

對手不必是認識的人

能找到志同道合的夥伴，固然是一件值得開心的事。但就算沒有這樣的人出現，也可透過許多方法，把某個真實存在的對象，當成自己的競爭對手（參考圖表6-3）。例如每次成績公布時，分數永遠都剛好比你多出一點的「某組學號」，或許你永遠不知道他是誰，也從來沒有在現實生活當中認識對方，但每次考試時，藉由比較對方的成績與自己的表現，一樣能把對方當作競爭對手，激發自己想贏過對方的好勝心。

本節說明了在準備考試的過程中，找到志同道合的人很重要，但要格外留意的是，如果你和積極、態度認真樂觀的許多考生相處，大家通常都能一起上榜；但如果總和態度消極、無心應戰的人往來，則容易一起擺爛、互扯後腿，最後一起落榜。

參加考試的目的是為了及格或上榜，所以請拋開個人的性格好惡，以加入態度積極、認真樂觀的同儕團體，並一起努力準備且通過考試為目標。

4 目標是通過考試，不是打敗對方

雖然前一節特別強調找出競爭對手的重要性，但要記得，最終目標是通過考試，不是贏過競爭對手。如果過於關注競爭對手的動態，甚至耽誤自己的學習進度，那就會對讀書產生反效果。

大家應該都聽過龜兔賽跑的故事吧？簡單來說，就是有一隻兔子跟一隻烏龜比賽跑步，看誰能先跑到山頂。

比賽一開始，兔子就飛快的往前飛奔，而烏龜則一步步的慢慢往前爬。當兔子即將抵達終點時，牠回頭看了一下烏龜，發現烏龜還在遙遠的後方慢慢前進。於是兔子決定在旁邊的樹蔭下先睡個午覺，結果等兔子一醒來，烏龜已經抵達終點並贏得勝利。

這則寓言故事主要是提醒人們，就算像兔子一樣，先天條件比別人好，也不能過於驕傲、輕忽對手；就算像烏龜一樣，先天的條件比別人差，只要不斷的努力往前，最後也能抵達終點、贏得勝利。

但在這則寓言故事中，還有一個沒有告訴大家的重點，那就是做任何事時，都應該關注在目標上，而不是一直盯著對手。

就像兔子在比賽一開始，確實是朝著終點（目標）飛奔，中途卻把注意力移到烏龜身上，進而打亂自己的節奏，大意的停了下來；而烏龜則不管兔子跑到哪裡，自始至終都專心看著目標，一步步往終點前進。

而準備考試時，更應該專注在自己的目標上，不要過度關注競爭對手的動態（參考下頁圖表6-4）。

圖表 6-4　龜兔賽跑的啟示

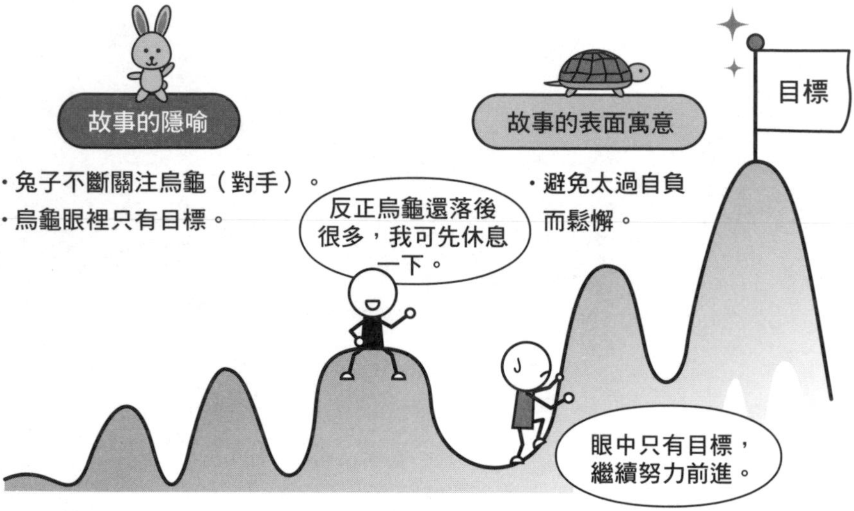
故事的隱喻
・兔子不斷關注烏龜（對手）。
・烏龜眼裡只有目標。
反正烏龜還落後很多，我可先休息一下。
故事的表面寓意
・避免太過自負而鬆懈。
目標
眼中只有目標，繼續努力前進。

陷入低潮期時，該怎麼辦？

如果在準備考試時，陷入低潮期該怎麼辦？答案是：先恭喜自己。

我之所以會這麼說，是因為我在準備司法考試時，聽到一種說法：會感覺到陷入學習的低潮期，是因為發現自己的努力與預期得到的成果不相符，也就是明明已經花了許多時間準備，實際呈現在成績上的數字卻不理想。

也就是說，發現自己的成效不好，代表自己確實有在努力。畢竟沒有付出努力的人，不論何時看起來都是輕輕鬆鬆、滿不在乎的樣子，根本不會產生陷入低潮的感覺。因此，你可以安慰自己：「碰到低潮期，代表自己有在努力，所以不必過度擔心。」

至於具體的應對方式也很簡單，你可以**從通過考試的前輩分享的心得中，看他們如何度過低潮難關**，並從中檢視自己的讀書計畫。如果認為讀書計畫沒有問題，只須繼續以平常心來維持學習的節奏，因為對於考試的焦慮與不安，只能靠努力讀書來消滅。

5 公開宣示，讓自己沒有回頭路

我在準備考試時，曾嘗試過兩種維持（不等於提高）讀書動力的方法，第一種是「打造出背水一戰的情境」，第二種是「向外界公開宣示」。這兩種方法，都為我帶來相當大的幫助。

背水一戰的情境要怎麼打造？簡單來說，就是刻意讓自己處於沒有任何退路，非得通過考試的狀態中。如果是上班族，可毅然決然的辭掉工作、全職準備考試。在沒有退路的情境下，一旦沒有成功通過考試，不論人生或經濟狀況都會陷入困境；如果你是學生，則要下定決心——若不是考上第一志願就不去讀。

畢竟人們總是習慣幫自己想出各種理由、預留各種退路，好讓自己在失敗時，還能保有自尊心、有路可逃，然後安慰不夠努力的自己：「沒考上也沒關係，至少工作還在……」、「沒考上第一志願，還有第二志願可選……」。但只要先阻擋其他選項，把自己放在沒有退路的環境下，讓自己找不到半點鬆懈的藉口，自然就能在絕境中發揮最大的戰力，通過考試。

以我來說，當年準備司法考試時，前四個月也是一邊上班，一邊念書，但為了不讓自己找藉口：「因為工作，無法全心準備考試。」所以我下定決心離職成為全職考生。我不是因為有信心通過考試，而是為了打造無法找藉口的環境才離職。

另外，公開宣示的做法是向周圍的人（包括親朋好友、同事等），宣布自己將參加某一項考試。有些人會擔心因考試失利，遭到他人取笑或奚落，所以躲起來偷偷準備。但當我們向周圍的親朋好友或同事宣布這件事，就會

圖表 6-5　公開宣示與背水一戰

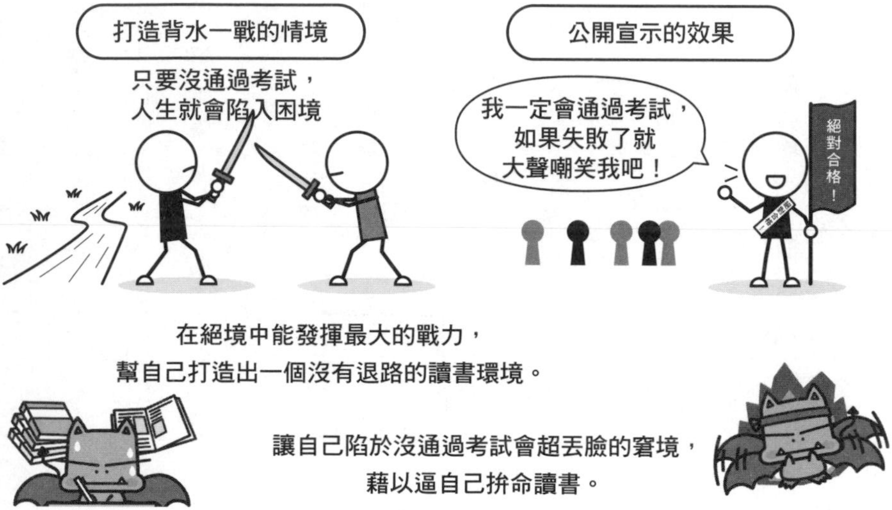
打造背水一戰的情境
只要沒通過考試，
人生就會陷入困境
公開宣示的效果
我一定會通過考試，
如果失敗了就
大聲嘲笑我吧！
絕對合格！
在絕境中能發揮最大的戰力，
幫自己打造出一個沒有退路的讀書環境。
讓自己陷於沒通過考試會超丟臉的窘境，
藉以逼自己拚命讀書。

用怕丟臉的自尊心來逼自己拚命讀書，努力通過考試（參考圖表6-5）。

借力使力，讓你周圍的人成為考試助力

不論是背水一戰或公開宣示，考生可能會對周遭的反應感到不安。

以我的經驗來說，周圍的親友一開始會提出質疑：「這樣做真的好

嗎？」或「有必要做到這種程度嗎？」但向外界傳達「一定要考上」的決心後，他人便能理解你有多認真的看待考試，就會轉向支持，甚至在飲食、家務或工作等面向，都給予體諒及協助。

如果當我們這樣表示，卻還有人潑冷水，擺出一副「你做不到」或「傻子才會這樣」的態度，請無視這些言論。因為這些刻薄又愛批評的人，通常是最膽小的，他們怯懦、什麼都不敢嘗試，所以對於你的勇敢挑戰與決心，才會產生羨慕又嫉妒的情緒。對此請你努力通過考試，告訴他們你辦得到！

總之，準備考試的過程雖然孤獨，但也有賴許多周圍的人給予支持與鼓勵，才能繼續走下去。所以在正式考試前，請對這些人表達出誠摯的感謝，然後帶著大家的祝福，順利通過考試吧！

6 配合模擬考調整學習進度

準備考試就像爬山，目的通常是為了攻頂。雖然一開始都從山腳的登山口出發，但在攀登的過程中，有些人會找到捷徑，用出乎意料的速度登頂；有些人則是在中途繞了遠路，比預期的還要晚才抵達；當然還有一些人無法堅持到最後，走到一半就決定放棄，直接下山。

那有沒有什麼方法，可以指引我們快速通過考試？或告訴我們通往目標的最短距離？這份標示著路徑、告訴我們如何最快通往目標的地圖，就是讀書計畫。在準備考試的過程中，須經常對照著讀書計畫來確認：「目前在地圖上的哪個位置？」或「這份地圖上標示的路徑是否正確？」而**確認讀書計畫是否有問題的工具，就是日常面對的各種模擬考試與測驗**，就像指南針一樣，帶領我們往合格的道路前進。

以測驗為檢查點全力前進

正式考試是這段準備考試的期間，所有學習成果的累積，而平日的各種測驗或模擬考試，則是告訴我們距離通過正式考試的目標還有多遠。所以**每一次的測驗或模擬考試，都應該當成正式考試並全力以赴**，不論是限定範圍的小考或全範圍的模擬考，都應該配合考試的進度，確實複習相關的內容。

此外，不能輕忽考試的理由還有一個，那就是人們在考試前，複習與記憶的內容，會更容易被大腦儲存。所以與其說透過考試與測驗來確認自己的實力，不如說每一次的考試都是學習的里程碑，每經歷一次考試，應對正式考試的實力就會增加（參考左頁圖表6-6）。

就算測驗後，忘記考試內容也無妨，畢竟人類原本就是健忘的生物，只要確實的反覆練習，就能一步步的走向合格的山頂。

我偶爾也會遇到一些考生，只是一股勁的讀書，卻完全不做任何測驗，也不參加模擬考試。原因可能是覺得自己還沒有準備好、害怕面對真實的結果，但這樣的讀書成效很有限。

只有勇敢面對測驗結果，在測驗與模擬考試中，發現自己的學習盲點並加以改正，並且重複經過幾次類似的過程，最後才能完整理解與記住考試內容。簡單來說，如果不試著解題，就永遠都解不開考題。

做完測驗或模擬考試後的複習法

做完任何測驗或模擬考試後，一定要再次複習測驗過的內容，如果沒有

圖表 6-6　用測驗與模擬考試當成學習里程碑

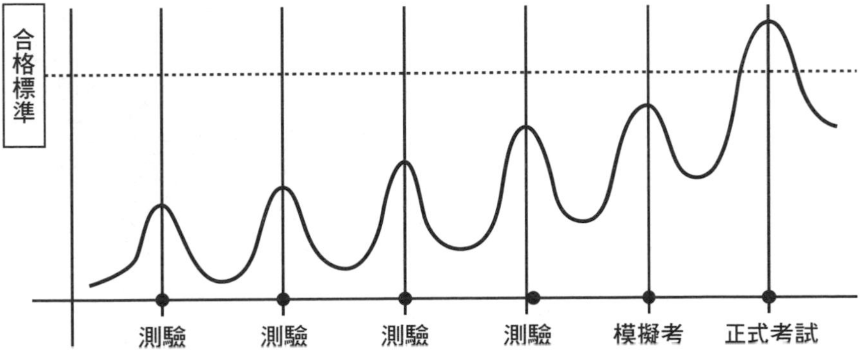

把平日的測驗與模擬考試當成檢驗目標，
測驗完，就算忘記考試內容也無妨。

徹底把做錯的題目弄懂，那學習的成效就會減半。

至於複習方法，依照考試的形式不同，會有不同做法。有人會把測驗或模擬考試的題目與答案訂正後，另外製作一本訂正筆記，但這種做法違反我一再強調的統一集中整理，我的建議是：用紅筆把錯誤的地方整理到書中，盡可能讓同一考科的資料都集中整理在一起，每次複習時會更有效率。

7 預想如果「明年再來」，損失有多大？

每當我問考生：「為什麼想通過這項考試？」他們往往會回覆看似光鮮亮麗的原因，例如：「通過這項考試，對未來的職涯發展更有幫助」、「想提升學習的程度，往更進階的內容邁進」、「想回饋社會、貢獻國家」等。但這些冠冕堂皇的理由，跟真實的人生相距太遠，一旦我們跟這些理由的關聯性變得薄弱，讀書的動力就會大受影響，舉例來說，有時通過考試只等於拿到一張證照，不代表未來一定有好的發展，更別提回饋社會、貢獻國家。

因此想維持讀書的動力，需要更單純的動機、更低層次的需求，例如：

想變有錢、想受到異性關注等。所以如果某個考生能坦率的說「我參加考試就是想變有錢」，那這股想變有錢的欲望，就會轉變為他的學習動力，不斷激勵他努力讀書。

重考一年的損失有多大？

許多重要的考試是每年舉辦一次，換句話說，如果今年不幸落榜，就只能明年再來。但你知道重考，會造成多大的損失嗎？

我先用一個情境來跟大家討論這個問題：假設某份工作的年收入，一開始是四百萬日圓，每年有二十萬日圓的漲幅，到退休前一共可工作四十年。那大家覺得在這種條件下，如果因為重考而延後一年取得工作資格，相當於是損失多少收入？

許多人可能認為，重考一年，就是損失第一年的收入（四百萬日圓）；

但實際上的損失，是一千兩百萬日圓。這答案究竟是怎麼算出來的？

因為晚一年任職，影響到的不是第一年的收入，而是因為重考一年，導致減少了一年的工作年限，等於工作三十九年就必須面臨退休，最後一年的年收入完全領不到。計算方式如下：延後一年進公司＝工作的年限會少一年＝損失最後一年的年收入。

這當然是把職涯收入狀況用比較單純的方式來分析，但姑且不論其他狀況或意外，如果考生意識到，晚一年通過考試，會產生高達一千兩百萬日圓的損失，便會持續鞭策自己儘早通過考試（參考左頁圖表6-7）。

以時薪計算準備考試的效益

本節一開始就說了，越是低層次的需求，越能激勵我們維持讀書動力。所以我要另外分享一個從金錢的角度，來提升讀書動力的方法。那就是用未

圖表 6-7　如果重考一年，會造成多大損失？

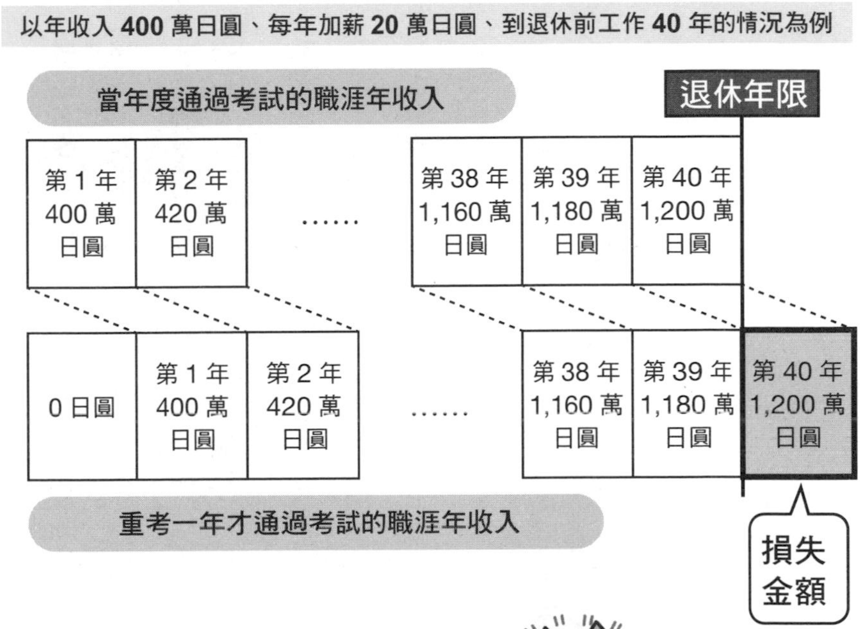
以年收入 400 萬日圓、每年加薪 20 萬日圓、到退休前工作 40 年的情況為例
當年度通過考試的職涯年收入
退休年限
第 1 年 400 萬日圓
第 2 年 420 萬日圓
……
第 38 年 1,160 萬日圓
第 39 年 1,180 萬日圓
第 40 年 1,200 萬日圓
0 日圓
第 1 年 400 萬日圓
第 2 年 420 萬日圓
……
第 38 年 1,160 萬日圓
第 39 年 1,180 萬日圓
第 40 年 1,200 萬日圓
重考一年才通過考試的職涯年收入
損失金額

延後一年通過考試，等於
損失退休前最後一年的年收入，
職涯總收入就會出現極大落差。

來的收入成長，換算成目前準備考試的時薪。

舉例來說，從東大畢業後，進入第一線的大企業工作，與沒考上東大改讀一般大學，畢業後在普通企業工作，假設這兩者的職涯總收入，差距為一億日圓以上。接著，估算考上東大須花費的讀書時間，可能是一萬小時。把這兩個數字如此計算：一億日圓÷一萬小時＝時薪一萬日圓，這麼高額的時薪收入，看起來是否相當吸引人？

雖然上面的計算公式，不等於考生在準備考試時的實際收入，但只要能讓自己意識到「正在從事一份超高時薪的工作」，營造出自己對未來的光明願景（可獲得高收入）的期待，就能提升讀書的動力。

總之別再漫無目的的讀書，「錢景」就是維持讀書動力最好的催化劑。

第 7 章

考前第N天開始的應考策略

1 考前一年，建立完整內容概念

本章主題是「考前第N天開始的應考策略」，所以我會在後面的內容，依照距離正式考試的剩餘時間，從還有一年到考試當天，說明考生應該重視的應考策略與準備重點。

首先是距離考試還有一年的情況。由於此階段的時間還算充裕，所以應該好好利用這段時間**擬定出妥善的讀書計畫，並確實依照讀書計畫執行輸入型學習**，奠定好學習基礎。我在前面曾說過，讀書計畫要從目標（通過考試）往回推算，從正式考試日開始反推，擬定好一整年的學習進度；而關於輸入型學習，則是要決定好以哪些課程或教材，作為準備考試的核心。

畢竟還有一年的時間，此時的考生多半還沒有急迫的緊張感，但你可以先詢問上一屆的考生，為了通過考試付出了哪些努力、在準備的過程中覺得哪個階段最辛苦等，這些資訊都可在這段時間，向剛通過考試的前輩請教。

先測試裸考的實力

如果時間還相當充裕又沒有考試次數的限制，不妨在前一年先報考一次，當作實戰練習。裸考的成績照理說會相當難看，但別擔心，因為先報考一次的目的，是**確認距離通過考試的最終目標還有多遠，以及體驗考試及考場的氣氛**。雖然報名考試會產生一些費用及時間成本，但以提高及格率的效果來說，仍是相當划算的做法。

若因為時間等因素，無法事先報考當作實戰練習，也可參加補習班的模

圖表 7-1　考試前一年開始的應考策略

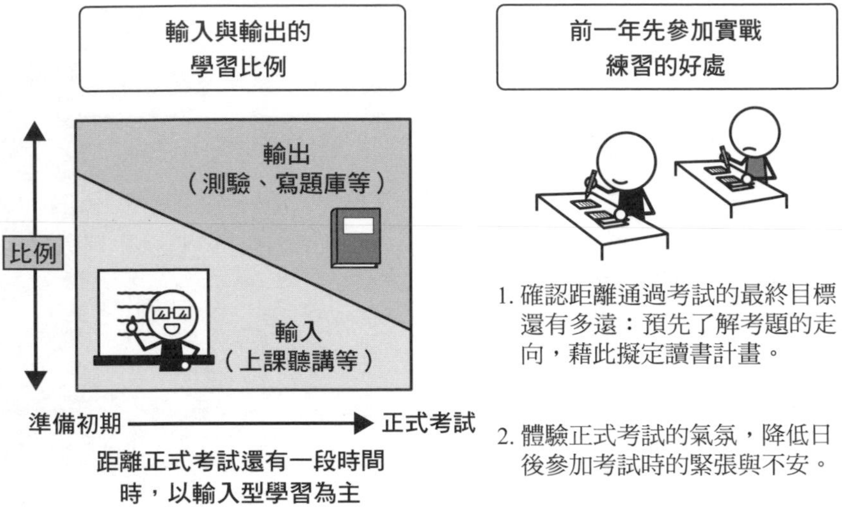
輸入與輸出的
學習比例
前一年先參加實戰
練習的好處
輸出
（測驗、寫題庫等）
比例
輸入
（上課聽講等）
準備初期
正式考試
距離正式考試還有一段時間
時，以輸入型學習為主
1. 確認距離通過考試的最終目標還有多遠：預先了解考題的走向，藉此擬定讀書計畫。
2. 體驗正式考試的氣氛，降低日後參加考試時的緊張與不安。

擬考等，一樣有類似的效果（參考圖表 7-1）。

從通過考試需要的讀書時間思考

擬定讀書計畫時，可以先看過許多考試合格者的經驗分享，評估出想通過考試要花多少時間準備，然後再把準備時數分配給一整年。

例如比起下定決心：「我每天要讀書八小時！」我建議這麼轉換思考：假設從考試合格者的經驗分享來看，通過考試須花兩千八百八十個小時讀書，若分配給一年十二個月、一個月三十天，那每天至少要讀八小時。而不是因為一天大概有八小時能準備考試，所以安排八小時的讀書時間。

此外，距離正式考試還有一年時，可預留時間給「有意義的浪費」，這是指某件事雖然跟考試並非直接相關，卻能藉此維持讀書的動力。例如某些小說或電影，描述跟考試有關的情節或通過考試後的職場生態等，花時間看這些影視作品，都算是有意義的浪費。

如果有什麼想做或非做不可的事，請安排在這段預留的時間中處理。

2 考前三個月，重心轉向複習

考試前三個月，距離正式考試剩下短短的九十天，即將進入倒數階段。這時，有些補習班可能還會安排課程（輸入型學習），但我建議在這個階段，應該盡量減少上課聽講等輸入新內容的學習方式。

因為這麼做可能會造成還來不及吸收新內容，且舊的課程內容也沒有足夠時間熟讀，就面對正式考試的狀況。所以在擬定讀書計畫時要注意，**所有輸入型學習最好安排在正式考試的三個月前完成**。

進入瘋狂重複讀的階段

如同前面所說，考前三個月不建議在補習班繼續上新課程，而是**著重複習考試內容**，以瘋狂重複讀的方式，增加對考試範圍的熟悉度（參考下頁圖表 7-2）。你可以藉由測驗與模擬考判斷自身的程度到哪裡，同時要確保自己有足夠的時間自習。

還有時間可以勉強自己

考前三個月，正式進入考試的最後衝刺階段，雖然管理好自己的身體狀況也很重要，但在這個階段，還有一點機會可適度的勉強自己，就算一時衝過頭、身體有什麼不適，也還有足夠的時間能恢復元氣，所以請放膽投入全副身心來應戰。

圖表 7-2　考試前三個月開始的應考策略

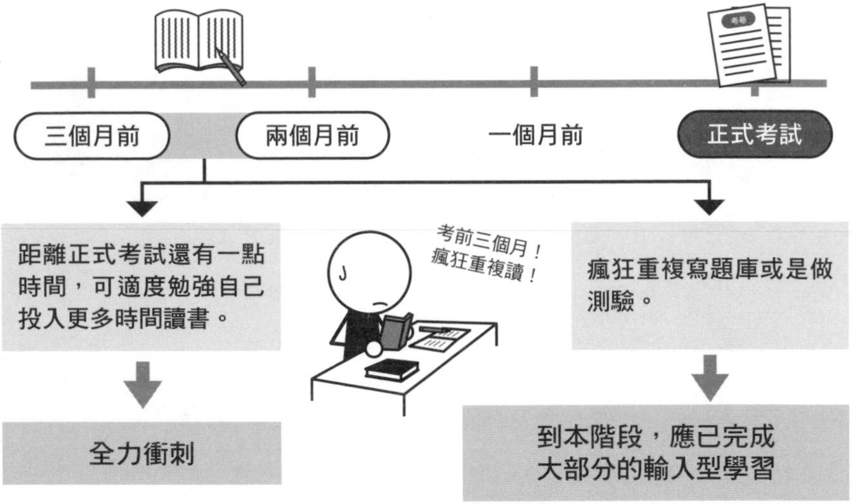
考卷
三個月前
兩個月前
一個月前
正式考試
距離正式考試還有一點時間，可適度勉強自己投入更多時間讀書。
全力衝刺
考前三個月！
瘋狂重複讀！
瘋狂重複寫題庫或是做測驗。
到本階段，應已完成大部分的輸入型學習

平常每天讀書八小時的考生，可以在這個階段增加到十小時；而平常已經每天讀書十小時的考生，則可以勉強自己每天讀到十二小時，不妨強迫自己再多投入一點時間來讀書。

但要注意，**絕對不能熬夜**。本書一再強調，睡眠不是考生的敵人，是戰友。熬夜會打亂作息時間，讓記憶力變差，所以就算再焦慮，也絕對不能熬夜讀書。

複習的科目應該怎麼安排？

在考試前三個月，應該如何複習？我建議**盡可能增加每天複習時的考科數量，以避免某一門科目長達一週都沒有接觸**，這會大幅影響到對該門考科的熟悉度。如果要考的科目數量是三科，請每天都讀到這三科的內容；如果要考七科，請每兩天就複習到這七科的內容。

那如果考試的範圍超過七科怎麼辦？我建議在準備許多科目時，要**統一複習的順序**，例如以「國英數……↓國英數……」，這樣的順序循環複習。

除此之外，也可以統一讀書方式的順序，像是每科都用「輸入型教材↓輸出型教材↓測驗↓複習」的方式複習。這麼做，就不須煩惱「下一科該讀什麼」，且擅長或不拿手的科目都會複習到，避免讀書的時間分配不均。

3 考前一個月，已經會的不要忘記

考前一個月，正式進入三十天倒數計時的階段。在這個階段，所有考生都在全力衝刺，要採取什麼樣的應考策略，才能從考試中脫穎而出？

本階段的努力重點，是讓記憶「更精準、更完整」。就算直接把無法理解的內容，都死背、硬背下來也沒關係，哪怕違反了我前面說的「不求甚解的死記硬背有害無益」。畢竟在考試前一個月背誦的內容，在正式考試時多半都還能留下一點印象，可在考試中靠回想來喚醒記憶。

進入考前一個月的倒數階段之前，要以「理解」為核心；進入倒數階段

後，則要改成以「強化記憶」為主。

好好照顧身體

距離正式考試只剩下一個月時，請大家務必好好照顧身體，千萬別讓自己生病。在這個階段萬一不小心感冒，得花長達一週的時間來休養，那無異是白白浪費考前最寶貴的讀書時間。

此外，考前一個月也是許多考生在心理上，最容易情緒崩潰的階段。他們可能因為安排了太多的複習進度，一旦無法如期完成，壓力與焦慮感就會不斷累積，導致無法專心準備考試（甚至因此崩潰大哭）。

所以，要盡可能的**保持平常心到考試前的最後一刻**，如果有無法如期完成的複習項目，不妨試著把目標調整為**完成最重要的任務就好**，讓自己可穩定的走完全程（參考下頁圖表7-3）。

圖表 7-3　考試前一個月的應考策略

更重視記憶、背誦	不過度勉強自己	有所取捨
從「理解」改成以「強化記憶」為主。	考試前一個月萬一生病，會浪費許多時間養病；每天一定要有充足的睡眠。	只複習完最低限度的重點精華，其他並非重點的內容全部捨棄。

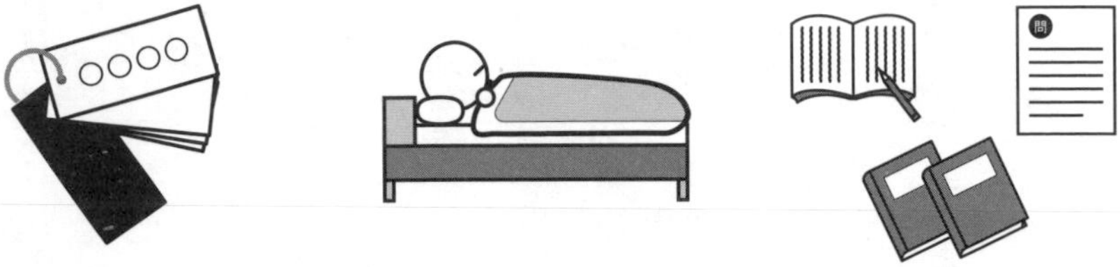

逆轉勝的祕訣

通常到考前一個月的階段，學校或補習班的各種測驗與模擬考試都已經告一段落，考生對於自己分數與實力上的表現，應該也都心裡有底。如果是在合格線以上或距離合格線不太遠的考生，只要繼續維持自己的節奏複習、專心讀書就好。而那些過去在測驗或模擬考試曾合格過，偶爾出現幾次表現失常的考生也不必過於擔心，只要耐住性子以平常心繼續努力，還是有可能在考試前出現飛躍性的進步。

但距離合格線很遙遠的考生，難道就只有放棄一途嗎？其實，最後還有一招能創造逆轉勝奇蹟的祕訣，那就是**揣摩考試合格者的應考心得**——在心中想像一下，如果通過考試，要跟別人分享準備考試的經歷時，會怎麼描述這段過程？像是「考試前一個月，我的模擬考分數還是相當難看，但我透過『某個方式』準備考試，最後成功逆轉，順利通過考試」。

接著，可天馬行空的想像「某個方式」可能會是什麼？不論做法有多麼極端、多麼不可思議，例如考試前每天都讀書超過二十小時，或只專心練習考古題等，都很有可能是讓我們最後通過考試的逆轉關鍵。

4 考前一週，首要任務是調整作息

考試前一週，最重要的事情就是把自己的身心狀況調整到最佳狀態。在這個階段，請盡量保持充足的睡眠、維持營養均衡的飲食，並且絕對不能熬夜。如果因為過度勉強自己，而讓身體狀況出現意外，例如著涼感冒等，會無法在正式考試時發揮平常的實力，這樣反而得不償失。

此外，距離考試只剩一週時，**最好開始配合正式考試的時間調整作息**，考試前一天應該幾點睡、考試當天要幾點起床，在考前一週就先調整為一樣的作息，讓身體習慣考試當天的狀態，確保大腦能在最清醒的狀態下應考。

考前一週，這樣複習

至於考試前一週要如何安排複習的進度？首先是複習已經重複讀過許多次的書，確認自己已經完整理解考試範圍，並藉由回顧書的內容，檢視自己過往的學習軌跡，讓自己更有自信的面對考試。

我會在考試的前三天，比照正式考試的時間，把已經練習過無數次的近三年考古題，再拿出來練習一次。哪怕這些題目閉著眼睛都能全部答對，也要藉由這個練習的過程，讓自己保持在最佳的答題手感。

雖然說維持身心狀況的健康，是此刻最重要的事，但還是要好好的準備考試，進行最後的衝刺。

在考試前一週，也有**絕對不應該做的事**，**就是拿沒有接觸過的教材內容來嚇自己**。每當正式考試前夕，總會出現各種考前猜題等資訊，有些考生會忍不住拿來測試看看自己目前的應考實力，但我認為這種做法有風險。畢竟如果出現自己解不開的題目或不熟悉的冷門內容，反而會造成內心的不安。況且，事到臨頭才補強這些新的內容，對於提升分數的成效也十分有限，並不是一種划算的做法。

此外，也要降低接觸網路社群平臺的頻率。因為在正式考試前，網路上總是流言紛飛，不同的人基於不同的目的，發表各式各樣的言論與未經證實的資訊，這些訊息不僅對考試毫無幫助，還會徒增考生的緊張與不安，最好還是遠離網路社群為佳（參考左頁圖表7-4）。

應考時，如何不被別人影響

前面提過，讀書計畫是從正式考試當天往回推，因此在考試前一週，也請依照讀書計畫的安排來複習。

都已經到最後階段了，不可能把所有的書從頭到尾再細看一遍，所以從

圖表 7-4　考試前一週的應考策略

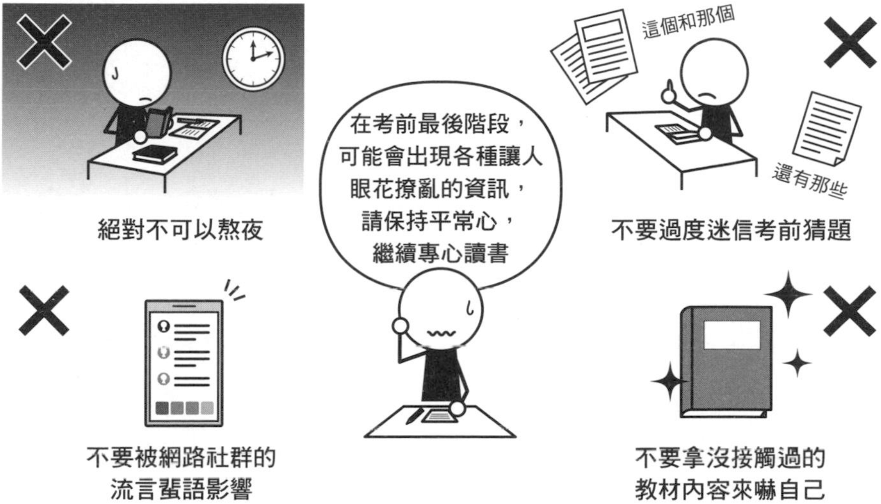
絕對不可以熬夜
在考前最後階段，
可能會出現各種讓人
眼花撩亂的資訊，
請保持平常心，
繼續專心讀書
這個和那個
還有那些
不要過度迷信考前猜題
不要被網路社群的
流言蜚語影響
不要拿沒接觸過的
教材內容來嚇自己

準備考試的初期，不斷針對各考科統一集中整理的重點，會成為在考試前最後複習階段的應考聖經。

正式考試時，在考場可能會遇到形形色色的考生，有些人會一直抖腳、有些人的呼吸聲很大聲，甚至有些人的身體氣味特別濃烈等。為了避免自己在正式考試時，受到這些人的影響，建議大家在考試前，可針對這些狀況進行特訓。例如到吵雜的咖啡廳讀書，選擇坐在開心聊天的客人旁邊練習寫考題，藉以訓練自己的專注力。如此一來，在正式考試時，不管遇到什麼樣的人都不怕。不只有在考試前才能做這類的特訓，隨時隨地都可以進行。

5 考前一天，睡前進行心像練習

到了考試的前一天，有些考生會緊張到睡不著，但千萬別以為既然睡不著，就乾脆爬起來讀書，這種做法是相當不智的行為。

正式考試畢竟是非常消耗體力與腦力的事，如果自以為整夜沒睡，還能維持正常狀態的去應考，甚至還期望自己能通過，也未免太小看考試了。

因此**就算睡不著，只是閉著眼睛、躺在床上休息也無妨**，因為只要閉上眼睛休息，就算沒有成功入睡，也能產生讓大腦休息的 α 波。有一位跟我一起準備考試的朋友，他說自己在參加會計師考試時，曾連續三天都沒睡著。

但他還是硬逼自己閉著眼睛、躺在床上休息，最後順利的通過考試。所以我想藉由他的經驗告訴所有考生，就算考試前一晚緊張到睡不著，也不必擔心或焦慮，好好躺在床上閉著眼睛休息就好。

有些考生可能會因為隔天要考試而緊張到不知所措，但適度的緊張情緒有時會讓臨場反應更靈活，所以不必想得太嚴重。

此外，如果可以，在考試的前一天請投宿到考場附近的旅館或飯店。這樣做的好處是，避免考試當天因為交通上的突發狀況而遲到；也能避免因為交通的往來奔波，而耗費無謂的時間與體力，跟投宿飯店或旅館的成本相較起來，這是相當划算的。

同樣的道理，在考試當天最好直接從飯店或家裡搭計程車到考場，避免將寶貴的體力浪費在移動上，減少物理性的體力消耗，把體力保留給考試來使用。

睡前來點心像訓練

在考試前一晚的睡覺前，還可做些什麼？**心像訓練**（Image Training）就是個不錯的選擇。具體做法是在睡前花三十分鐘，先用 YouTube 播放一些能放鬆身心的療癒音樂，並且**在心中想像隔天考試的情景**：一大早起床先沖個舒服的澡，再好好吃一頓營養均衡的早餐，出門前複習一些考前重點，然後出門前往考場。接著想像一下，在考試前會做哪些事、自己考試當下的身心狀態如何、在考試的休息時間又會做哪些事等，把一整天的考試過程都鉅細靡遺的設想過一遍。

在心像訓練的過程中，還可**想像一些突發狀況**，**以及自己遭遇這些狀況時的應對方式**，例如在前往考場的路途中，如果遇到交通事故，你會有什麼反應？或在考試時，隔壁考生很吵怎麼辦？又或在考卷上遇到自己完全沒看過的考題時，應該怎麼處理？總之，只要預先想像過各式各樣的場景，就能

圖表 7-5　考試前一天的應考策略

心像訓練

想像一下在正式考試時，可能有哪些突發狀況會造成恐慌或混亂。

↓

用心像訓練的方式，把考試過程仔細的想像一遍，包括預先想像意外的突發狀況與應對方式。

閉目養神

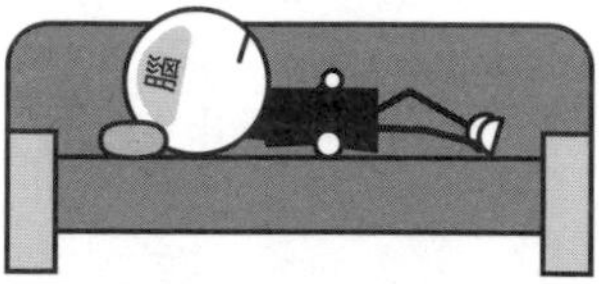

只要閉著眼睛、躺在床上，就能讓大腦進入休息狀態。

↓

就算睡不著也絕對不能起床讀書，請務必躺在床上、閉目養神到隔天。

讓那些可能是預料以外的突發狀況，變成是曾預想過的事件，進而降低在遭遇意外狀況時的衝擊程度（參考圖表 7-5）。

考試也是一場考驗心理素質的心理戰，在面對突發狀況時，越冷靜、越堅強的人，就越有機會贏得勝利。據說某些專業的運動員，在正式比賽前，也會進行心像練習來鍛鍊心智，大家在考試前一天不妨也嘗試看看。

6 考試當天，如何完整發揮實力？

在正式考試當天最重要的事，就是完整發揮自己的實力，以下我會介紹在考試當天要注意的小細節：

首先，請在正式考試的三小時前起床。如果是九點開始考試，那最晚要在六點起床，因為一般來說，在起床的三小時之後，大腦才會完全清醒。而在起床後，也可去洗臉或乾脆洗澡，加快自己清醒的速度。

至於早餐的內容，建議以植物性蛋白質為主，選擇納豆或味噌湯之類的食物，但請注意不要攝取過多水分，畢竟在短短的考試時間內，萬一還要多跑幾趟廁所，會浪費最後寶貴的衝刺時間。

而關於中餐的內容，在前往考場的路上可先去便利商店，買好兩顆御飯糰，並利用考試休息的時間分次食用。盡量不要購買分量太大的碳水化合物當午餐，例如一口氣吃完整個便當，以免下午的考試會因為腦部血液量下降（按：血液集中在需要能量的腸胃，以消化飲食），而出現昏昏欲睡的狀態。

到了考場後，要先確認自己的座位，並檢查考場環境與應考的必備物品是否都完整帶齊。有許多考生會在考試鐘響前，才想到要上廁所，以至於這段時間的廁所總是大排長龍，如果也是選在這個時間點去，記得帶著教材或筆記本等，就算是排隊的時間也能拿來複習，做最後的衝刺。

考試當天不必刻意打扮，只要穿著方便活動的服裝，例如襯衫或T恤等即可。

以上的應考流程，都要盡量跟前一晚進行心像訓練一樣。

圖表 7-6　考試當天的注意事項

幫自己按摩一下

深呼吸

注意答題時間分配

從發下考卷到正式動筆作答前，會有幾分鐘的空檔，可利用時間幫自己按摩。

考試開始後，不要立刻翻開考卷，先深呼吸、觀察一下考場內的狀況，再以沉著冷靜的狀態開始答題。

遇到太難或很花時間的題目可先跳過，等簡單的題目答完後，再回過頭來解題。

發下試卷後

從發下考卷到正式動筆作答前，會有幾分鐘的空檔（參考圖表7-6），可利用這一點點的時間養精蓄銳，將有助於作答時提升專注力。如果當天要應考的科目較多，也可利用這個空檔來按摩一下頭部、腰部或活動手腕等，藉此放鬆身體。

考試開始後，不要立

刻翻開考卷，先深呼吸、觀察一下考場內的狀況。我認為當考場內的考生都在慌張的翻開考卷、急著作答時，自己卻能好整以暇的保持心情平靜，這對後續的沉著應考，會有很大的幫助。

在開始答題後，要注意作答的時間分配，**避免在難題上浪費太多時間**，以免連簡單的題目也不夠時間完整作答。

如果是電腦閱卷型的考試，請記得在考試結束前的五分鐘，檢查自己已經把每一題的答案，都塗在正確的答案卡位置上，萬一忘記塗在答案卡上，該科的考試成績就是零分，請一定要留意。

最後，不論參加任何考試，就算提前完成作答，也絕對不要先行離場。請在考場內待到最後一刻，好好利用剩餘的時間，反覆檢查自己有沒有粗心寫錯的地方。

以上就是我對於考試當天的應考策略。

結語
考試，真的能改變人生

感謝大家一路讀到最後。

你是否已經從本書介紹的學習技巧中，找到適合自己的讀書方法了？

就像前言所說，每個人有不一樣的讀書習慣，首先要熟悉與了解各種讀書技巧，並從中選出感興趣或適合自己的。實際嘗試之後，如果成效不錯，就納為己用，進而依照自己的特性與喜好，組合出一套專屬於自己的高效率學習方式。

而這本書就是我所有讀書方法的重點精華，我已經毫無保留的把這些祕訣寫在本書裡。由衷期盼大家能把這些方法，實際運用在學習上。

有些方法或許比較極端（例如每天的二十四小時，除了睡覺之外的時間全部用來讀書），但也可這樣思考：讀書是為了讓自己成長。與其設定輕鬆就能達成的小目標，不如把格局拉大，著眼在能改變人生的遠大志向上，才有執行的意義。為了達成這個巨大的志向與目標，就算執行過程極端一點、辛苦一點，如果能順利達成夢想，不只自己會變得更有自信，人生也會變得更有滋味。

考試是能改變人生的好機會，讀書過程中如果多少勉強一下自己，最後贏得的成就感也會無比巨大。

我之所以動手寫下這本書，起因於責任編輯某天在部落格上，看到我分享關於準備各類考試的方法與祕訣，於是主動聯繫我，希望我能寫一本有關如何準備考試、提升學習效率的書；而且還要求這本書的內容，要連他讀國中的孩子都能看懂、也都能適用。再加上我的大兒子於前年出生，所以我就帶著「希望這本書在兒子長大後，也能對他有所幫助」的心情，把我所知的讀書技巧與過往準備、成功通過考試的經驗，都完整呈現在這本書中。
由衷期盼這本書能為所有考生帶來幫助。

高普考為臺灣大型的公務人員任用考試，全名為「公務人員高等考試三級考試暨普通考試」（分為高考三級、普考）。

考試科目（筆試，民國112年起新制）	
高考三級	1. 專業科目（6科，平均成績占總成績78%） 2. 普通科目（占總成績22%）： ・國文（作文80%、測驗20%），占總成績8% ・法學知識與英文（中華民國憲法20%、法學緒論20%、英文60%），占總成績14%
普考	1. 專業科目（4科） 2. 普通科目： ・國文（作文80%、測驗20%） ・法學知識與英文（中華民國憲法30%、法學緒論30%、英文40%） （成績為專業科目與普通科目共6科平均計算）
按：自民國112年起，高普考試國文刪除列考公文，高考三級提升英文占分比重。	

附錄 快速了解高普考！

民國 112 年考試日期	
預定報名日期	3 月 14 日（二）至 3 月 23 日（四），一律為網路報名
預定考試日期	• 第一試筆試：7 月 7 日（五）至 7 月 11 日（二），前兩天為普考、後三天為高考三級 • 第二試口試（部分類科須口試）：10 月 21 日（六）

報考資格	
高考三級	• 中華民國國民，18 歲以上 • 大學以上學歷
普考	• 中華民國國民，18 歲以上 • 高中（職）以上學歷
技術類科須符合規定的相關系所畢業；證照類組須具備相關證照、訓練或工作經驗證明文件。 **應考資格查詢**	

高普考報名：
考選部國家考試網路報名資訊系統

歷屆考古題

考試簡稱請選擇「公務人員高等考試三級考試暨普通考試」。

最新消息請參考考選部全球資訊網

國家圖書館出版品預行編目（CIP）資料

短時間就上榜，國考之神：考前一年、三個月、一個月、一週如何準備？升學、檢定、資格考都適用！／平木太生（jiji）著；方嘉鈴譯.
-- 初版. -- 臺北市：大是文化有限公司，2023.03
256 面；14.8x21 公分. --（Think；250）
譯自：図解でわかる 試験勉強のすごいコツ
ISBN 978-626-7251-16-4（平裝）

1. CST：國家考試　2. CST：讀書法　3. CST：學習方法

529.98　111021066

Think 250

短時間就上榜，國考之神

考前一年、三個月、一個月、一週如何準備？升學、檢定、資格考都適用！

作　　者／平木太生（jiji）
譯　　者／方嘉鈴
校對編輯／江育瑄
美術編輯／林彥君
副 主 編／馬祥芬
副總編輯／顏惠君
總 編 輯／吳依瑋
發 行 人／徐仲秋
會計助理／李秀娟
會　　計／許鳳雪
版權主任／劉宗德
版權經理／郝麗珍
行銷企劃／徐千晴
行銷業務／李秀蕙
業務專員／馬絮盈、留婉茹
業務經理／林裕安
總 經 理／陳絜吾

出 版 者／大是文化有限公司
臺北市 100 衡陽路 7 號 8 樓
編輯部電話：（02）23757911
購書相關諮詢請洽：（02）23757911 分機 122
24 小時讀者服務傳真：（02）23756999
讀者服務 E-mail：dscsms28@gmail.com
郵政劃撥帳號：19983366　　戶名：大是文化有限公司

法律顧問／永然聯合法律事務所
香港發行／豐達出版發行有限公司　Rich Publishing & Distribution Ltd
地 址：香港柴灣永泰道 70 號柴灣工業城第 2 期 1805 室
Unit 1805, Ph.2, Chai Wan Ind City, 70 Wing Tai Rd, Chai Wan, Hong Kong
電 話：21726513　傳 真：21724355　E-mail：cary@subseasy.com.hk

封 面 設 計／林雯瑛　內頁排版／吳思融
印　　　刷／緯峰印刷股份有限公司
出 版 日 期／2023 年 3 月　初版
定　　　價／新臺幣 390 元（缺頁或裝訂錯誤的書，請寄回更換）
I S B N／978-626-7251-16-4
電子書 ISBN／9786267251140（PDF）
9786267251157（EPUB）

ZUKAI DE WAKARU SHIKEMBENKYO NO SUGOI KOTSU
by Taiki Hiraki